En clave de personas

En clave de personas

Jefes más empáticos, empresas más humanas

Ignasi Castells Cuixart

Plataforma Editorial

Primera edición en esta colección: mayo de 2025

© Ignasi Castells Cuixart, 2025
© de la presente edición: Plataforma Editorial, 2025

Plataforma Editorial
c/ Muntaner, 269, entlo. 1.ª — 08021 Barcelona
Tel.: (+34) 93 494 79 99
www.plataformaeditorial.com
info@plataformaeditorial.com

Depósito legal: B 4111-2025
ISBN: 979-13-87568-64-1
IBIC: KJ

Printed in Spain — Impreso en España

Diseño de cubierta:
Pilar Eme

Realización de cubierta:
Grafime

Fotocomposición:
gama, sl

El papel que se ha utilizado para imprimir este libro proviene
de explotaciones forestales controladas, donde se respetan
los valores ecológicos y sociales, y el desarrollo sostenible del bosque.

Impresión:
Romanyà Valls,
Capellades (Barcelona)

A mi hermano, Paulino (e. p. d.),
que me alentó a escribir este libro;
a mi querida esposa, Cristina, y a mis hijos,
Nacho y Carmen, con todo mi cariño.

Índice

Prólogo

Apreciado/a lector/a:

Las páginas que siguen son la versión mejorada, actualizada y ampliada del libro que, con una excelente e inesperada acogida, autopubliqué en 2022 y que ahora, gracias a la generosidad de mi amigo y admirado editor, Jordi Nadal, cobra una nueva vida bajo el paraguas de su exitosa y prestigiosa editorial. El libro es un compendio de reflexiones personales sobre acontecimientos que he vivido a lo largo de mi vida profesional como consultor y formador de empresas durante más de veinte años. En este recorrido vital, he tenido oportunidad de trabajar para compañías con estructuras absolutamente piramidales y también para otras mucho más horizontales y participativas, por lo que he podido comprobar de primera mano el impacto sobre el bienestar de las personas de ambos tipos de estructuras y los estilos de liderazgo que suelen tener asociados.

A pesar de que cada reflexión hace referencia a una situación concreta, no permitas que el árbol te impida ver el bosque, ya que casi todos los relatos están relacionados con alguna de las tres ideas principales sobre las que gira el libro que tienes en tus manos: a) qué hace a las empresas más o menos humanas; b) cuáles son los comportamientos empáticos o tiranos que exhiben en ocasiones los gerentes; y, finalmente, c) la extensa tipología de personajes (listillos, pelotas, trepas, quejicas crónicos...) más aborrecidos por sus propios compañeros, pero que todavía proliferan y campan a sus anchas en la mayoría de empresas.

Como podrás comprobar, querido lector, estas tres ideas fuerza tienen un denominador común: mi convencimiento de la centralidad de las personas en las organizaciones y las nefastas consecuencias de pretender desnaturalizar esta primacía.

Cuando esto ocurre, cuando los empleados perciben que se les ha tratado injustamente y su dignidad ha sido vulnerada por parte de sus superiores jerárquicos (o compañeros), aflora con fuerza un sentimiento de malestar y frustración creciente que podría explicar muchos de los episodios de insatisfacción y desmotivación que se suceden en el día a día en el trabajo —por ejemplo en los procesos de selección, en las evaluaciones de desempeño, en el reparto de bonus o comisiones, en las amonestaciones, y hasta en las renuncias— y que, si no se revierten a tiempo mediante la ejecución de mejores prácticas de liderazgo, más empáticas y consideradas, pueden influir muy negativamente en la productividad, en la calidad del trabajo, y enrarecer significativamente el clima laboral.

En este sentido, no está de más recordar que existen numerosos estudios que confirman que los efectos nocivos de este «lado oscuro» del liderazgo nos impactan más intensamente —y durante más tiempo— que los comportamientos directivos más favorables. Y eso es solo ya una razón de peso para invitarnos a reflexionar y a emprender cambios a mejor. Sin demoras y sin excusas.

Espero, abnegado y paciente lector, que de todo ello extraigas tus propias conclusiones y puedas aplicarlas tanto a nivel personal como en la propia organización.

Por último, pero no menos importante, deseo de todo corazón que la lectura de este libro te resulte amena y estimulante.

IGNASI CASTELLS CUIXART

Ser bueno o ser feliz

«Si hacemos el bien por interés seremos
astutos, pero nunca buenos».

CICERÓN

Hay más libros sobre cómo ser feliz que sobre cómo adelgazar sin dejar de comer, que ya es decir. Parece que todo el mundo quiere, lo primero, ser feliz. Y a cualquier precio.

Lícito, por supuesto, pero yo todavía no tengo tan claro que el orden sea el correcto. Y te diré por qué; para mí —y es una mera opinión—, ser buena persona es un requisito previo para ser feliz «en profundidad».

Por eso me interesa la felicidad derivada de nuestra contribución al bienestar de los demás y dudo, en general, de todo aquel que, para ser feliz, tiene que trepar alzándose sobre las sufridas y dolidas espaldas de otros semejantes menos aventajados.

Y tampoco comparto la alegría de aquel directivo que se enorgullecía de haberle dado la vuelta a la cuenta de resultados habiendo dejado a media plantilla en la cuneta. Quiero pensar que no hubo más remedio, pero tengo mis dudas acerca del tipo de felicidad que pueden generar este tipo de «logros» personales.

Sí creo, en cambio, en la felicidad altruista derivada de obtener dividendos a partir del bienestar de terceros; el caso de La Fageda, la exitosa cooperativa láctea fundada por el psicólogo humanista Cristóbal Colón en la comarca de la Garrotxa (Cataluña, España), e integrada por personas en riesgo de exclusión social, es un ejemplo paradigmático de lo que significa conseguir resultados sin perder nunca de vista la misión de esta ejemplar empresa —a la que, por cierto, la Generalitat de Catalunya acaba de conceder (3 de diciembre de 2024) la preciada Creu de Sant Jordi coincidiendo con el Día Internacional de las Personas con Discapacidad—, y que es líder en la elaboración de yogures y otros deliciosos derivados lácteos; empoderar a los empleados con distintas capacidades, devolviéndoles su sentido de valor, su autoestima y su dignidad como seres humanos.

Como dice Matthieu Ricard, que comenzó como biólogo molecular en el Instituto Pasteur y ahora es un monje budista considerado el hombre más feliz del mundo: «Con una felicidad altruista, todo el mundo es ganador. La búsqueda desenfrenada de una felicidad egoísta conduce a situaciones donde todo el mundo es finalmente perdedor».

Hacer nuestros también los intereses de otros seres humanos que están fuera de los límites de la comunidad de parentesco básica (padres, hermanos, familiares...) no es más que expandir el «círculo en expansión de la compasión», concepto que acuñó hace ya algún tiempo Charles Darwin, el «padre» de la teoría evolucionista, con la pretensión de que finalmente incluyera «a todas las criaturas capaces de sufrir», y así construir un mundo más humano y habitable. El caso de La Fageda es la constatación irrefutable de que esta posibilidad de hacer felices a otros desde el altruismo no es una quimera «buenista», sino una realidad incontestable. También desde las empresas. Por eso creo que es esa felicidad fruto de ser buenas personas, esa dicha con fundamento ético, la única que permanece en el tiempo. La otra, episódica, dura lo que un caramelo a la puerta de un colegio. Un suspiro.

Apostar por las personas

«Aléjate de la gente que trata de empequeñecer tus ambiciones. La gente pequeña
siempre hace eso, pero la gente realmente
grande te hace sentir que tú también puedes
ser grande».

MARK TWAIN

En la sublime novela de Jonathan Swift *Los viajes de Gulliver*, Liliput, el país donde los hombres, los animales y las
plantas eran ostensiblemente diminutos, era el nombre de la
isla fantástica a la que llegaba a nado el aventurero Gulliver,
después de naufragar su barco en los mares de las Indias
Orientales a causa de un terrible temporal.

Pero Liliput, el país de los seres minúsculos, no existe
solo en la rica imaginación del creativo escritor irlandés.
Hoy en día, todos conocemos organizaciones «liliputienses», no tanto porque puedan ser reducidas en tamaño y estructura, sino porque se obstinan en empequeñecer a sus
colaboradores hasta la más mínima expresión.

Cero reconocimiento y escasas oportunidades para participar y tomar decisiones, suelen ser las dos constantes presentes en toda *organización liliputiense* que se precie. Y lo hacen, por lo general, porque se obsesionan con la obtención de resultados y olvidan la otra gran razón de ser de su negocio: hacer crecer a sus empleados.

Este lapsus voluntario hace que los *líderes liliputienses* prescindan de implementar cualquier estrategia que pueda suponer un estímulo para el desarrollo de su gente.

Nada de formación, nada de entrenamiento. Nada de nada. Prefieren a sus colaboradores tal como están; diminutos, escuálidos, sin altura de miras y sin visión de negocio. De esta manera, piensan, si se marchan casi no se notará su ausencia y si se quedan apenas tendrán fuerza para cuestionar todo lo cuestionable. Insignificantes y obedientes.

Sin embargo, la trayectoria de las organizaciones de éxito prueba que las empresas ganadoras obtienen resultados precisamente porque sus directivos apuestan por las personas y su talento, es decir, por su capacidad de aportar ideas para la mejora de la organización en su conjunto. Y arriesgan porque están firmemente convencidas de que las pueden desarrollar y convertirlas en «gigantes» profesionales. Este es el reto. Y la oportunidad.

La estrategia del ermitaño

> «No es la especie más fuerte la que sobrevive, ni la más inteligente, sino la que mejor responde al cambio».
>
> CHARLES DARWIN

Salvando todas las distancias habidas y por haber, la estrategia del cangrejo ermitaño es una instructiva metáfora de lo que idealmente podría significar gestionar el cambio sin frustraciones, con aceptación y naturalidad...

A medida que crecen, este tipo de cangrejos, nacidos con un abdomen especialmente blando y vulnerable, aprovechan las conchas abandonadas de caracolas marinas para ocuparlas y protegerse de posibles depredadores. Cuando estas «viviendas» improvisadas se les quedan pequeñas porque su abdomen ha aumentado de volumen, emprenden la mudanza sin contemplaciones yendo un tiempo a la deriva, descubiertos y vulnerables, esquivando depredadores y explorando nuevos habitáculos hasta que por fin encuentran otra concha sin inquilino que se adapta a su nuevo tamaño. Y, literalmente, la ocupan. Y así varias veces a lo largo de su vida. Sin complejos. Para ellos el cambio es algo consustancial a su existencia.

Nosotros, en cambio, solemos hacer del cambio un verdadero drama. Nos produce hasta urticaria. Y es que somos animales de costumbres fijas para casi todo. Incluso para dormir. Fíjate en que hay diferentes tipologías de durmientes en función de la postura preferida para entregarse a los brazos de Morfeo: boca abajo, boca arriba, de lado, en diagonal, en estrella, etc., etc. Todo un Kama-sutra soporífero. Y si le preguntamos a un durmiente boca abajo sobre la posibilidad de que cambie de posición y ensaye dormir boca arriba (la más saludable, según los expertos), lo más probable es que nos ponga una cara de pasmo que debe de ser lo más parecida a la que puso recientemente el secretario general de un partido declaradamente feminista, que prefiero no citar, cuando de la noche a la mañana, a causa de un presunto escándalo de acoso sexual, le propusieron gentilmente que renunciara a su escaño para no perjudicar a la organización.

Y es que el cambio, al principio, siempre conlleva resistencias. Si no, no sería cambio. El «yo siempre lo he hecho así, y me ha funcionado» no es una frase, es la creencia limitante por antonomasia y el credo que nos convierte a todos, por un momento, en torpes y voluminosos seres incapaces de avanzar un paso por el miedo a tropezar. Pero, como reza el dicho, si no nos queremos caer de la bicicleta, tenemos que movernos, hay que pedalear sí o sí, no nos queda otra.

Aceptar la necesidad de abandonar un comportamiento y vencer la desorientación que esto origina, es el primer gran obstáculo. Después, el trayecto no es un camino de rosas, pero tampoco un calvario intransitable. Una vez iniciado el

cambio, las personas nos vamos sintiendo cada vez más có-
modas con la nueva situación (el nuevo comportamiento
más empático, la nueva herramienta para mejorar la escucha
activa, etc.) en la medida en que, paso a paso, empezamos a
dominarla, y eso, a su vez, nos retroalimenta y nos hace sentirnos más seguros y confiados.

Pero, atención, el riesgo de retrocesos no desaparece de un
día para otro. La cabra tira al monte, y el comportamiento que
queremos dejar atrás —por ejemplo, una actitud arrogante—
aprovecha el más mínimo decaimiento, la más mínima fisura,
para ponerse de nuevo en primer plano y tratar de desbancar
al aspirante. No quiere perder el protagonismo, y él (el comportamiento a cambiar) era hasta hace unos momentos, no lo
olvidemos, «la forma correcta de hacer las cosas».

Ahora es el momento de echar mano de todos los recursos imaginables (capacidad de visualizar la nueva situación,
de racionalizar, de ver los beneficios que nos depara el cambio, de autoconvencerse, y de, por encima de todo, mante-
nerse optimista para no caer en el desánimo), para no estan-
carse o retroceder. Hemos recorrido la mitad del camino.
Ya se vislumbra el horizonte.

Superado el bache, nos aguarda un tramo llano, donde el
trayecto se hace cada vez más transitable, más llevadero. Hemos madurado y asumido racional y afectivamente el nuevo
comportamiento, la nueva actitud, como parte integral de
nosotros mismos. Lo hemos interiorizado, consolidado y
convertido en una nueva rutina. Hasta el próximo cambio.
Como los ermitaños.

Coaching improvisado

«Todos necesitamos personas que nos den *feedback*. Así es como mejoramos».

Bill Gates

Está visto que uno no termina nunca de aprender. Esta mañana, sin ir más lejos, mientras hacía mi obligado paseo matutino, he sido testigo de una lección magistral de *coaching* sobre cómo aprender a ir en bicicleta. O para llamarlo con más propiedad, sobre cómo salir de la zona de confort sin morir en el intento. Madre e hija circulaban juntas por el paseo, una con su bicicleta ya un tanto vetusta, y la otra, a su vera, con su flamante y recién estrenada —con dos pequeñas ruedas auxiliares— pequeña bicicleta (y que tenía todos los números de haber caído por Navidad).

Presa del comprensible pánico de quien se ve de pronto en una situación desconocida, expulsada de su zona de confort, y no sabiendo muy bien qué hacer, la pequeña lloraba desconsolada reclamando piedad a su madre para que la aupara y le permitiera colocarse de nuevo en el seguro asiento trasero de la bicicleta materna, este armatoste de plástico adosado y especialmente diseñado para llevar bebés y pequeñajos. Salvando distancias, la imagen me recordaba a la de un pequeño canguro pidiendo ser readmitido en la bolsa de su madre después de haber hecho las prácticas de salto reglamentarias. Igualitos.

La madre, impertérrita, no atendía a sus lamentos y se limitaba a replicarle con tono dulce, aunque firme: «Pedalea, pedalea, que lo estás haciendo muy bien...». Animada por sus palabras, la pequeña inició un rápido y frenético pedaleo que acabó por desestabilizar el frágil equilibrio que mantenía y acabaron ambas —niña y bicicleta— rodando por el suelo. Susto de campeonato, lloros, lágrimas, un poco de hipo y ruegos desesperados para abandonar su incipiente autonomía y volver a subirse a la bici materna.

En su línea de intencionada impasibilidad, desdramatizando el suceso, la madre replicaba: «No ha pasado nada, lo haces muy bien. Eso ha sido por ir tan deprisa. Ve más despacio». La hija, incrédula, se levantó del suelo y echó a correr en dirección a su progenitora. Logró agarrarse a su pierna. Como una lapa. La madre, suavemente pero con la misma firmeza, la fuerza a soltarla e insiste en que vuelva a montarse en su bicicleta «porque lo estás haciendo muy bien».

Tan bien que «pronto te podré sacar las ruedecitas de detrás e irás como mamá», le asegura. La niña cede, interrumpe los sollozos, sube a su bicicleta y continúa el paseo a su lado como si nada hubiese pasado. Eso sí, no tan acelerada. Hasta se atreve a levantar las piernas al aire imitando a su madre, que, orgullosa de los avances de su pequeña, no deja de repetir: ¿Ves como puedes?, claro que puedes,... lo haces muy bien...».

Hacía tiempo que no presenciaba una sesión de liderazgo y refuerzo positivo tan instructiva: minimizar los fracasos, alentar los progresos, premiar los esfuerzos y dar ejemplo. Una lección de motivación en toda regla para empezar el año. Un inesperado regalo de Navidad.

El «otro» síndrome de Diógenes

«Las ideas las tenemos, en las creencias estamos».

JOSÉ ORTEGA Y GASSET

Todos hemos oído hablar de este aparatoso síndrome, que toma su nombre de un filósofo de la antigua Grecia, Diógenes de Sinope, y caracterizado por el aislamiento voluntario en el propio hogar y la acumulación y dificultad patológica para desprenderse de basuras y desechos materiales, y que suele terminar con consecuencias a menudo fatales para sus desafortunados protagonistas.

Pero tengo la corazonada de que también pueda existir un síndrome equivalente, pero referido a otro tipo de desperdicios «intangibles», auténtica basura intelectual (creencias desfasadas, pensamientos caducos, etc.), visiblemente menos aparatoso y maloliente, pero igualmente pernicioso.

No se me ocurre otra cosa para explicar cómo es posible que todavía haya directivos que almacenan y se aferran como lapas a pleistocénicas «convicciones bazofia», como «el trabajo en equipo es una pérdida de tiempo...», «el estrés solo lo experimenta gente floja...», «la empatía es cosa de mujeres...», «la gente es irresponsable por naturaleza...», «las personas solo rinden bajo presión...», «reconocer los logros de otros te hace más débil...», etc. Todas estas son creencias obsoletas, cuando no embustes malintencionados, que la realidad empresarial se ha encargado de desmentir de manera irrefutable una y otra vez, y que están detrás de los peores comportamientos de los jefes autoritarios.

Pero ellos, impasibles, siguen en sus trece, erre que erre, incapaces de desprenderse o simplemente cuestionar ni una sola de sus estrafalarias convicciones. Diógenes, *versión corporativa*.

La edad NO puede ser un obstáculo

«Aquel que tiene un porqué para vivir se
puede enfrentar a todos los "cómos"».

FRIEDRICH NIETZSCHE

Si ya es éticamente inaceptable desestimar a un candidato
exclusivamente por su edad antes de una primera entrevista,
roza lo impresentable hacerlo después, una vez superada la
primera criba. Además de injusto, resulta de lo más frustrante.

Sin embargo, esta fue la amarga experiencia que tuvo que
vivir —*sufrir* sería el verbo más apropiado— una buena
amiga, curtida en funciones de venta y que, después de un
paréntesis laboral forzoso, optaba a una posición comercial
(edad máxima: 65 años, señalaba el anuncio) para una empresa de *outsourcing* farmacéutico cuyo nombre prefiero
omitir en este libro para no ponerla en evidencia.

Así pues, presentó su candidatura acompañada de su CV
actualizado y en el que figuraban claramente sus datos personales (edad incluida), una foto carnet tomada hacía unas
semanas y el resumen de su experiencia profesional con los
logros alcanzados, que la acreditaban más que suficientemente para la posición vacante.

En efecto, la empresa no tardó en contactar con ella y citarla para una primera entrevista personal, el viernes de la semana en curso, en un hotel de los alrededores del aeropuerto de El Prat, en Barcelona. Finalizada la reunión, de más de una hora de duración, los entrevistadores le avanzaron que su candidatura se ajustaba al perfil solicitado y que el siguiente y definitivo paso sería entrevistarse con la directora de ventas del laboratorio contratante. Para ello, le avisarían en el transcurso de la semana siguiente con el objeto de fijar fecha y hora.

Más contenta que unas pascuas, mi amiga candidata, rondando los cincuenta, se prepara a conciencia para esta oportunidad decisiva, recabando mientras tanto cuantos datos de mercado y producto están a su alcance. ¿Y qué ocurre finalmente? Pues que llega el lunes, pasa el martes, aterriza el miércoles, amanece el jueves... y la ansiada llamada no llega ni por equivocación.

El viernes fatídico, mi amiga, ya bastante mosqueada y estresada por el silencio administrativo, decidió tomar la iniciativa y contactar con la empresa de *outsourcing* para averiguar qué había sucedido: la única respuesta que obtuvo —¡sin mediar disculpa alguna!— fue que la empresa cliente, es decir, el laboratorio, les había dado instrucciones para que buscaran un perfil más joven. Y punto pelota.

La pregunta que se hace mi amiga, que me hago yo, y que también traslado a los que me estáis leyendo, es: ¿cómo puede ser que los requisitos del perfil cambien de una semana para otra?, y si es una excusa, ¿cómo es posible ser tan desconsiderado con la figura de un candidato y ni tan siquiera avisarle del cambio de planes respecto a la reunión prevista? Podemos elucubrar y barajar mil y una hipótesis, pero de momento la que tiene más números se llama, simple y llanamente, falta de seriedad. Mi amiga piensa lo mismo.

¡No somos limones!

«En este trabajo hay una hora de entrada;
la de salida siempre es una incógnita».

Anónimo

Siglo XXI, año 2025, y todavía hay quien cree que los empleados no son más que jugosos cítricos dispuestos a dejarse exprimir a cambio de un puñado de monedas.

El ser humano, concebido como una mera mercancía despojada de cualquier otro valor merced a una distorsionada visión instrumental de la persona. ¿Y la dignidad?, ¿dónde queda el respeto por la dignidad humana? Ni está ni se la espera.

Y es que las organizaciones, de las más grandes a las más pequeñas, no pueden prescindir del cuidado escrupuloso del elemento humano que las conforma; esta es la base de una concepción del trabajo que dignifique —y no degrade— a la persona. Afortunadamente, la práctica de la esclavitud ya fue prohibida y erradicada en la mayoría de países.

Hoy, las personas que trabajan también tienen derechos, y el primero de ellos es el de no ser explotada laboralmente por empresarios sin escrúpulos y sin conciencia. El respeto o la falta del mismo por esos derechos es el mejor indicador del nivel de civilización alcanzado por una sociedad determinada en un momento concreto. Una sociedad moralmente avanzada siempre es empática y respetuosa con los derechos de los más débiles. Lo contrario suele ser una inequívoca señal de miseria moral.

Por eso hay que denunciar siempre los abusos de aquellos que se aprovechan, descarada o sutilmente, de una situación de desigualdad de poder para dañar a otros. Es un imperativo moral (y legal). No es revolución, es justicia.

¿Por qué se van?

«Forma bien a la gente para que puedan marcharse, trátales mejor para que no quieran hacerlo».

Richard Branson

«Con lo buenos y punteros que somos, y a las primeras de cambio se nos marchan con la competencia. Pero ¿qué les hemos hecho para que nos dejen tirados de esta manera?», se plantean incrédulos algunos directivos mientras observan atónitos al colaborador recogiendo sus pertenencias. Pero se hacen la pregunta equivocada, ya que la cuestión que deberían hacerse es otra bien distinta: ¿qué hemos hecho para afianzar el compromiso?

Las fiables encuestas de la empresa Gallup nos aportan valiosas pistas al respecto. Hace solo dos años, en 2023, Gallup realizó una encuesta en España sobre los niveles de compromiso laboral y los resultados fueron todo menos esperanzadores: el 90 % de los empleados de nuestro país —frente al 80 % de media— no se siente comprometido con su trabajo. Esto nos sitúa en el *ranking* en una posición infelizmente «privilegiada»: somos el cuarto país con menos compromiso laboral de Europa.

Así las cosas, y en un momento de la historia en el que la lealtad —en el sentido más amplio de la palabra— es un valor a la baja, no estimular el compromiso —el famoso *engagement* anglosajón— de un modo proactivo es poco menos que suicida. La competencia, siempre al acecho, tienta con ánimo seductor las voluntades de nuestros talentos hasta conseguir ponerlos en una difícil disyuntiva: quedarse quieto o moverse.

Y si permanecer como estás implica seguir viendo malas caras a tu alrededor, no poder participar ni aportar tu opinión sobre decisiones que te afectan, continuar sin saber lo que la empresa espera de ti, no contar con los medios para hacer bien tu trabajo o contemplar alucinado cómo promocionan a otros con menos méritos..., el «explorador» que llevamos dentro se arriesga, ¡cómo no!, y apuesta por la opción que invita al descubrimiento de nuevos horizontes más ilusionantes y prometedores.

Y es que no es nada difícil encontrar ejemplos de empresas, pymes o incluso notorias multinacionales a las que les parece traer sin cuidado el bienestar de sus clientes internos. No les preocupa lo más mínimo: son organizaciones declaradamente centrífugas —como los tiovivos gigantes de aquellos vetustos parques de atracciones—, empresas que con sus políticas o procedimientos invitan, cuando no alientan abiertamente, a sus colaboradores a alejarse de la compañía y emprender nuevos rumbos.

La ausencia de carrera profesional, la precariedad del sueldo, el trato vejatorio por parte del jefe inmediato, la microgestión avasalladora, la falta de reconocimiento o directamente el abuso horario, sin ánimo de ser exhaustivos, son algunos de los motivos objetivos que esgrimen repetidamente los que deciden dar el paso y desvincularse definitivamente de la empresa. Darle la vuelta a la tortilla pasa por que las empresas cambien de chip, abandonen las *malas prácticas* que «ahuyentan» a los colaboradores más valiosos y hagan esfuerzos reales por atraer y fidelizar el talento, no solo con la promesa de un plan de pensiones o un coche de *renting* nuevo, sino con el compromiso firme y sostenido por el desarrollo del potencial, el respeto por la autonomía de la persona y el reconocimiento explícito de su contribución al éxito de la empresa.

Tres matices que, ellos solitos, pueden marcar la diferencia entre el «me quedo» o el «me voy». Ahí es nada.

Mando, luego existo

«El poder es una droga embriagadora, que no todos los líderes tienen el carácter suficiente para contrarrestar».

LORD DAVID OWEN

Hablando de *malas prácticas*... ¿cuántos jefes tienen incrustado en su cerebro, en lo más hondo de su corteza frontal, que el propósito de cualquier persona en situación de liderazgo es «servir» a su equipo, es decir, ejercer de catalizadores para desarrollar su potencial y hacerles «crecer» al máximo? No tengo estadísticas a mano, pero me atrevería a asegurar que hay más del otro bando, es decir, de los obsesionados por mandar por mandar, solo por el placer testosterónico que les proporciona sentirse en una posición de dominio sobre los demás.

Y además de prolíficos, nefastos; lo son porque esta pasión desmedida y enfermiza por el dominio y el control, la que parece que da el sentido último a sus vidas, les hace incapaces de concebir las relaciones con los demás empleados desde una perspectiva de igualdad y respeto. Ni tan siquiera imaginarlas (en la que sería una de sus peores pesadillas).

Jefes definitivamente anclados en el paleolítico empresarial, jerarquías obsoletas que no quieren oír hablar de colaboradores, sino únicamente de *subordinados obedientes*; individuos desubicados que añoran otros tiempos y que —por acción u omisión— impiden el crecimiento de su equipo para mantenerlo el mayor tiempo posible en una posición de inferioridad o dependencia. Y la gente trabaja para comer. Obvio. Pero también para crecer como profesionales y como personas.

Abraham Maslow ya intuyó esta verdad hace unos cuantos años al diseñar su famosa pirámide de las necesidades humanas. Y el tiempo le ha dado la razón.

«Tarjeta roja»

> «El lugar de trabajo debería ser un espacio donde las personas se sientan seguras, no amenazadas».
>
> ADAM GRANT

Imagínate la escena: uno regresa al trabajo de vuelta de vacaciones, con la adrenalina a tope y con ganas de comerse el mundo, y al poco rato de volver a tomar posesión de su cubículo, mientras el sujeto todavía está reajustando sus posaderas al ergonómico sillón con aquellos característicos movimientos de cadera, aparece un jefecillo con ganas de tocar las narices, que le espeta de improviso; «¿Pero todavía no te has puesto con el informe? Mira que llegas a ser lento, tío... ¡No sé a quién se le ocurrió seleccionarte para este proyecto! ¡Aquí necesitamos gente competente y con ganas de currar!».

Como cualquiera puede imaginar, una *bienvenida* de este talante, tan «cálida y acogedora», por parte de tu jefe jerárquico, quita las ganas hasta al empleado más entregado y comprometido, y, además, quebranta la confianza y la autoestima de la persona con consecuencias imprevisibles.

ÁLVARO BILBAO

Dr. ÁLVARO BILBAO
autor de El cerebro del niño explicado a los padres

Prepárate para la vida

Más de **20.000 ejemplares** vendidos en su primer año publicado

5ª edición

7 claves para orientar a jóvenes y adolescentes

PRECIO	ISBN
19,00 €	978-84-10079-26-7

Publicado en **25 idiomas**, con más de **350.000 lectores** y más de **dos millones y medio de seguidores** en redes sociales, el **Dr. Álvaro Bilbao** es uno de los autores de educación más leídos en España.

Encuentra en tu **librería** habitual cualquier título de nuestro catálogo

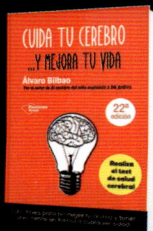

PRECIO	PRECIO	PRECIO	PRECIO
18,00 €	**18,50 €**	**18,00 €**	**19,50 €**
ISBN	ISBN	ISBN	ISBN
978-84-15750-61-1	978-84-17002-93-0	978-84-19271-45-7	978-84-16429-56-1

PRÓXIMAS NOVEDADES

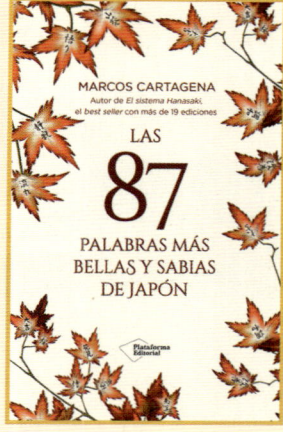

PRECIO
21,00 €

ISBN
979-13-87568-05-4

PRECIO
22,00 €

ISBN
979-13-87568-13-9

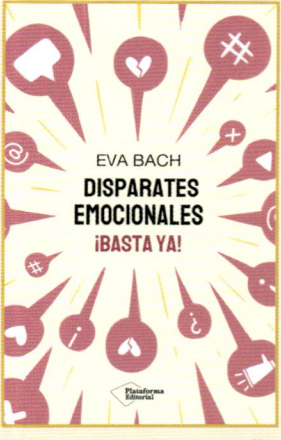

PRECIO
16,00 €

ISBN
979-13-87568-01-6

Disponible en catalán

PRECIO
22,00 €

ISBN
978-84-10243-71-2

Pero si el suceso en sí ya es preocupante, lo más grave es que la empresa no tome medidas drásticas para atajar este tipo de expresiones desconsideradas, independientemente de la posición de los involucrados. O más peligroso todavía, que incluso las admita o justifique como si formaran parte de su «cultura de empresa»: «¡Aquí las cosas nos las decimos a la cara, sin tapujos, como los hombres!». Y se quedan tan anchos.

El trato irrespetuoso, los atentados a la dignidad, por pequeños que sean a simple vista, van minando la convivencia y normalizando los «desencuentros». Las consecuencias para la empresa, además de los nefastos efectos sobre la salud física y emocional de las personas, no tardan en hacerse notar: mal ambiente, descenso del rendimiento, reducción de la calidad de vida laboral, absentismo, renuncias inesperadas... indicadores inequívocos de que las faltas de respeto están contaminando el ambiente hasta hacerlo irrespirable.

Por eso es tan importante intervenir a tiempo. Estas son, según los especialistas, algunas de las estrategias para prevenir la espiral del incivismo, la toxicidad, en el lugar de trabajo:

— Tolerancia cero hacia las faltas de respeto (entre compañeros o en las relaciones jefe-subordinado).
— Impulsar la reflexión sobre el modo en el que tratamos a los demás.
— Desestimar a personas con patrones de comportamiento antisocial en los procesos de selección; más vale prevenir que curar.

- Premiar y reforzar las conductas respetuosas alineadas con los valores de la organización.
- Identificar comportamientos «tóxicos» y tratarlos de inmediato, sean quienes sean sus protagonistas.

Resumiendo: atajar el avance del incivismo en la empresa implica proporcionar las herramientas necesarias para que la gente trabaje a gusto demostrando un trato considerado y respetuoso en sus relaciones con jefes y compañeros, y no tener reparos en enseñar la tarjeta roja, penalizar, a quienes por deporte o por inconsciencia faltan sistemáticamente al respeto y ponen la convivencia laboral en la picota. Se la merecen.

A propósito del «propósito»

«Haz de tu vida un sueño, y de tu sueño
una realidad».

Antoine de Saint-Exupéry

Las evidencias confirman que trabajar con propósito es mucho más gratificante que trabajar por trabajar. No obstante, tengo la sensación de que a la gran mayoría de trabajadores de a pie, eso de «trabajar con propósito» les suena a chino o, al menos, a algo bastante ajeno a su día a día. Para ellos, su motivación principal es simplemente ganarse la vida: sobrevivir. Cuando la gente tiene problemas para llegar a fin de mes, pagar el alquiler o la hipoteca, hablar de «trabajar con propósito» les puede parecer hasta un poco obsceno. Y lo puedo entender.

Para mí, y es solo un punto de vista, trabajar con propósito supone un esfuerzo en buscar —y encontrar— la finalidad trascendente, altruista, de mi trabajo. Y en eso también me puede —y debe— ayudar el liderazgo de mi empresa. En otras palabras, tener siempre presente que, además del salario (motivación extrínseca), de que te guste lo que haces (motivación intrínseca), existe otro gran motivador que es el ser consciente del impacto beneficioso de tu trabajo sobre otros semejantes. Tu producto/servicio puede satisfacer necesidades y mejorar el bienestar de los demás. Y tú formas parte de este engranaje tan benéfico.

Y parece que este hecho tan crítico es frecuentemente pasado por alto como si fuese irrelevante, cuando, en realidad, es una de las motivaciones más potentes porque nos conecta con nuestro interés más genuinamente humano: el cuidado de los demás. Por eso trabajamos con más satisfacción, con más ganas, si tomamos conciencia de que nuestro esfuerzo, sea cual sea la naturaleza de la actividad laboral que desempeñemos, se extiende en el tiempo y tiene el poder de cambiar vidas a mejor. Literalmente.

Y si además este propósito «trascendente» individual coincide con el propósito de la compañía, su efecto motivador es exponencial. Pero, para ello, esta finalidad tiene que ir mucho más allá de conseguir meras ganancias económicas; tiene que trascender la cuenta de resultados y querer contribuir al bien común en sus diferentes variantes y vertientes. Este factor altruista tiene un gran atractivo emocional, sintoniza muy bien con nuestra capacidad innata para la empatía, pero ha de tener una base real que vaya mucho más allá de lo que puedan reflejar los carteles de *marketing* colgados estratégicamente en las paredes de los pasillos.

Dicho en otras palabras, tiene que ser todo lo contrario de aquella famosa compañía farmacéutica estadounidense cuyo «propósito» declarado era combatir el dolor a través de su producto estrella, un opiáceo, y acabó generando millones de adictos con consecuencias devastadoras para los afectados y para el sistema de salud. Y millones de dólares en ganancias. Y este es el punto: esas ganancias no fueron éticas. Se hicieron a costa de dañar irreversiblemente la salud de las personas. Finalmente, después de enfrentarse a demandas millonarias, la empresa fue obligada a cerrar por las autoridades. Esta vez, ganaron los buenos.

Amargar la existencia

«Lo que más amarga al amargado es no lograr amargar la vida de los demás».

ANÓNIMO

Seguro que en el fondo no son mala gente y tienen un corazón que no les cabe en el pecho, pero se esfuerzan y trabajan duro para disimularlo. Y es que son personas que tienen un arte especial para amargar la vida al más pintado, una habilidad innata para jorobar la existencia de todo lo que se mueve a su alrededor.

Los jefes que te amargan la vida tienen «tics» que permiten que se les reconozca a poco que hagan: son aquellos controladores que te persiguen por la oficina para que les des explicaciones sobre aquella demora «injustificada» de quince minutos en la entrega del presupuesto, aquellos perfeccionistas patológicos obsesionados por detalles irrelevantes o los que saturan tu correo reclamando las mismas cosas veinte veces en el intervalo de una mañana —y encima de malas maneras— como si no te creyeran capaz de descifrar los caracteres digitales con un solo *email*.

Y los hay que hasta se permiten la desfachatez de llamarte en pleno fin de semana para recordarte aquel trabajo urgentísimo que «has de tener resuelto el lunes a primera hora de la mañana». Sin falta.

Mi experiencia me dice que, en su inmensa mayoría, se trata de personas inseguras, adictas al trabajo, con una escala de valores —o mejor dicho contravalores— muy particular, en la que el trabajo —su trabajo— prevalece por encima de cualquier otro interés vital, y que chocan frontalmente con la expectativa de vida equilibrada, trabajo y vida privada, a la que hoy día aspira la mayoría de trabajadores.

Por eso se sorprenden y te miran con extrañeza si un día les hablas de que fuera del trabajo «existen otros mundos» (relaciones de pareja, relaciones sociales...) que atender y otros talentos que desarrollar. Entonces, su mundo se tambalea porque su premisa es *vivir para trabajar* y no conciben de ningún modo que otros puedan pensar que es mucho mejor trabajar y vivir. De ahí ese chinchar constante y ese fastidio permanente al que te someten: te quieren disponible las 24 horas, los 7 días. Y con las pilas puestas.

Y por eso, cuando un día te plantas, les dices «hasta aquí hemos llegado» y les pides el finiquito, se les queda la cara a cuadros mientras que en la tuya se va dibujando una sonrisa de satisfacción infinita: ¡se acabó el tormento!

Los pelotas

«Personajes mediocres con menos méritos
para ascender que los peldaños de una esca-
lera mecánica».

ANÓNIMO

Una versión singular de los *subordinados obedientes* a los que
hacíamos referencia en el texto anterior son los archifamo-
sos *pelotas*, los profesionales de dar coba, ensalzar las supues-
tas virtudes de sus jefes, cantar sus proezas como los trova-
dores medievales hacían con los reyezuelos, y darles siempre
la razón, renunciando voluntariamente a su derecho no ya a
replicar, sino tan siquiera a comentar.

El *pelota* existe desde el origen de los tiempos y vive, por
definición, de engordar el ego de su jefe, mostrándose servil,
haciendo promoción constante de sus invisibles cualidades
y aceptando sin rechistar sus decisiones, por esperpénticas e
inoportunas que puedan ser.

De esta manera, el jefe rodeado de *pelotas* vive una realidad paralela gozosa pero inexistente; le hacen creer que todo
lo que hace está bien hecho y que todo lo que dice merece
aprobación cuando no aplausos. Y todo ello a cambio de al-

gunas míseras propinas, como ganarse una palmadita en la espalda delante de los colegas o permitirte tomar asiento a su vera en la próxima reunión de equipo.

En el mundo del peloteo, conviven dos tipos de practicantes: los *sutiles* y los *descarados*. Los *sutiles*, como su nombre sugiere, son algo más prudentes dando coba y administran el jabón con más cautela, no fuera a ser que alguna pompa les estallara en la cara.

Los *descarados*, en cambio, no tienen vergüenza alguna y aprovechan hasta la máquina de café para practicar el *peloteo* y tratar de ganarse el favor del jefe de turno; son los que le ponen las monedas, seleccionan el producto, le retiran el vaso y hasta le dan el azucarillo, no vaya a ser que se hernie y nos coja la baja. Y todo ello con la cabeza gacha y enseñando la coronilla, como muestra de sumisión absoluta.

Pero si hay algo que reprochar firmemente a estos aduladores convulsivos, además de su obsceno nivel de servilismo —contraproducente para el buen funcionamiento de cualquier organización—, es el hecho de que, con su insano proceder, han desacreditado los auténticos gestos de amabilidad, han prostituido el significado real del elogio y desvirtuado las muestras de reconocimiento sincero.

Han conseguido que la gente se lo tenga que pensar dos veces antes de pronunciar un halago merecido por miedo a que le confundan con un *pelotillero* cualquiera. Y eso no puede ser bueno.

Los trepas

> «Primos hermanos de los pelotas, pero ade-
> más con grandes habilidades para trepar
> sobre la chepa de otros, despeñando sin
> miramientos a quienes se interponen en su
> ascenso».
>
> ANÓNIMO

La patética imagen del *pelota* tratando de ganarse la confianza del jefe me trae a la memoria la figura de otros astutos e igualmente reprobables personajes presentes en el mundo de la empresa que alardean de medrar a costa de pisotear a los demás.

Gente necia, generalmente poco competente, sin escrúpulos, individualista y egocéntrica, con una necesidad casi enfermiza de ascender para arrimarse al poder y absolutamente insensible e impermeable a todo lo que signifique respeto, solidaridad o espíritu de equipo.

Te los puedes encontrar en cualquier organización, pero donde más difícil lo tienen los *trepas* profesionales es en aquellas empresas que se rigen por principios éticos y por criterios de promoción en igualdad de oportunidades. Definitivamente, la meritocracia no les es nada favorable.

Por contra, crecen y se reproducen con facilidad en aquellos organigramas que limitan las posibilidades de promoción y además tienen una dirección que favorece la rivalidad interna, aplaude el juego sucio y penaliza la falta de malicia.

Allí, en estos ambientes tóxicos, encuentran su abono los vividores, los tramposos que quieren progresar utilizando atajos poco éticos, desacreditando y descalificando a sus compañeros con todo tipo de falsos rumores, o incluso atribuyéndose méritos que no son suyos. Están en su salsa.

Los listillos

«Los analfabetos del siglo XXI no serán aquellos que no sepan leer y escribir, sino aquellos que no puedan aprender, desaprender y reaprender».

ALVIN TOFFLER

Otra tipología de personajes que se hacen bastante odiosos a los ojos de sus compañeros son los *listillos*. Los que saben siempre más que los demás. Y de todo. Da igual que la conversación vaya de fútbol, de cocina, del cambio climático o de los bitcoins..., el *listillo* siempre tiene la última palabra y no soporta que nadie le cuestione. ¡Faltaría más!

El sabelotodo no puede callarse, padece de incontinencia verbal y lo mismo te improvisa un discurso sobre la próxima pandemia que te aconseja que cambies de empleo. O de pareja. Y todo ello con la seguridad impostada del que se cree poseedor de la verdad absoluta.

Lo grave de esos aprendices de juez, especialmente prolíficos en organizaciones muy jerarquizadas, es que muchas veces emiten veredictos sobre materias en las que son absolutamente ignorantes con una ligereza que asusta. Y meten la pata. Pero les da igual: ellos han dicho la suya —que es la que vale, ¡faltaría más!— y se han quedado descansados.

Los profesionales más cualificados también son carne de cañón para convertirse fácilmente en insufribles *listillos*. Ser competentes en un área específica les hace creer, errónea-mente, que pueden serlo —por extensión— en cualquier otra faceta de la vida. Incluso diría más: cuantas más destre-zas y postgrados exhiba un profesional, más posibilidades hay de que caiga en la trampa de la soberbia intelectual y meta la pata en algún momento de euforia.

Reconocer nuestras limitaciones a nivel de conocimien-tos es una excelente muestra de humildad. Y de sabiduría.

«Solo sé que no sé nada», nos avanzaba ya en el siglo v a. C. un hombre llamado Sócrates. Definitivamente, sabía un montón.

Los insatisfechos crónicos

«Sea lo que sea, yo estoy en contra».

Groucho Marx

Estos marxistas «grouchistas» se han tomado tan al pie de la letra su alegato que ahora, si les das los «buenos días», ya parece que les has molestado y te responden con un rotundo «será para usted». Se despiertan quejándose de haber dormido poco, se duchan protestando por lo poco o demasiado fría/caliente que sale el agua, y se acuestan lamentándose de que no hayan tenido tiempo de ver el final de la serie. A todo, absolutamente a todo, le encuentran pegas. Hasta al pegamento.

Ya en el trabajo, a esos quejicas sin remedio también les parece todo mal. Si hay una evaluación anual, mal porque consideran que no es un instrumento de mejora, sino un puro trámite; y si no la hay, también mal porque significa que a la empresa le importa un rábano el desarrollo de su gente. Si los objetivos son altos, porque no los podrán alcanzar; y si son bajos, es que hay «gato encerrado». Si tienes una cartera de productos amplia, mal porque no te dejan presentarla con el tiempo que necesitas; y si tienes una cartera reducida mal también porque tienes mucha competencia.

Si la empresa crece y las instalaciones se quedan pequeñas, que por qué la empresa no busca otro local; y si al gerente se le ocurre finalmente proponer el traslado a unas oficinas más amplias, malo porque antes estabas más cerca de tu casa. Incluso en el aire acondicionado encuentran pegas: si está bajo, que se asan de calor; y si lo subes, te acusan de querer congelarlos.

Con el tema de los clientes, más de lo mismo: el quejica sin enmienda tiene claro que, si tiene una cartera potente, mal porque tendrá que hacer muchas visitas; y si le han asignado una incipiente y escuálida, peor porque tardará en cobrar comisiones. Nunca sabes por dónde cogerlos. Y para colmo de los colmos, en el plano de las relaciones personales siguen el mismo patrón: si no les hablas, es que les marginas; y si les das un poco de cancha, eres un plomazo redomado. Un drama de gente. De verdad.

Callar cuando no toca

«En boca cerrada no entran moscas».

REFRANERO POPULAR

Se lo han tomado al pie de la letra y, con tal de quedar favorecidos, no abren la boca ni para decir mu. Sobre todo para lo concerniente a los elogios. Hay algunos jefes que no saben lo que significa el *feedback* de refuerzo. Se saltaron esta clase. Únicamente abren la boca para dar *feedback* correctivo porque es como realmente se sienten cómodos. Y allí se explayan. Algún despistado con propensión a las medidas punitivas les dijo que la principal labor del mando es corregir desviaciones y ahora ven curvas hasta en las líneas rectas.

Por eso son tan olvidadizos a la hora de dar *feedback* para reforzar los comportamientos positivos y no se dan cuenta de que esta actitud genera un sentimiento de frustración inmenso entre los colaboradores afectados. Se sienten discriminados y tratados injustamente.

Y llevan razón: hay que corregir las veces que haya que corregir, por supuesto, pero sin perder de vista que también hay que ser justo y felicitar y reforzar también los comportamientos positivos cuando se produzcan. Al fin y al cabo, esa es la base del aprendizaje, dicen los expertos.

De otra manera, con el acento puesto únicamente en lo negativo obviando lo positivo, lo único que consiguen es colaboradores desmoralizados que esperan inútilmente que el mando abra la boca cuando toca dar reconocimiento y no solo cuando le venga en gana.

Como no hay vacuna para tal despropósito existencial, para esta actitud tan arbitraria como poco ecuánime —el sentido de justicia es el único que se ha demostrado eficaz para prevenir sus nefastos efectos—, la mejor receta de choque que se le puede recomendar al mando al que le cuesta trasladar comentarios positivos a sus colaboradores, es que ensaye en su casa; que se proponga encontrar oportunidades para felicitar a su pareja, a sus hijos o al tendero de la esquina. Seguro que si las busca, las encontrará. Es cuestión de lanzarse.

Los primeros días, por la falta de práctica, se le hará un nudo en la garganta, se ruborizará y le saldrán los elogios entrecortados, balbuceantes, ortopédicos, sin fuerza y como medio avergonzados... pero poco a poco ganará la fluidez suficiente para que, en poco tiempo, si le pone ganas, aproveche todas las ocasiones y ensaye lo suficiente, pronuncie los reconocimientos por las acciones, las ideas o cualidades personales con la soltura de un profesional del agradecimiento.

De esta manera, le quedará poco tiempo para los reproches, exceptuando aquellos que sean verdaderamente necesarios para evitar males mayores. Y de eso se trataba: de abrir la boca también para decir cosas bonitas.

Sonrisas (es)forzadas

«La simulación de una emoción tiende a despertarla en nuestras mentes».

Charles Darwin

Sé que no son sinceras, pero las agradezco igualmente. Y lo hago por dos motivos: el primero, solidario, porque me consta que en muchas ocasiones —no siempre— la persona que sonríe (en la recepción de un hotel, en la caja de un supermercado, en una línea aérea, etc.) está haciendo un verdadero esfuerzo por transmitir una emoción que probablemente no siente (ni está obligada a sentir). Y esa falta de correspondencia entre lo sentido y lo expresado le puede ocasionar un desgaste emocional que, seamos claros, no siempre se compensa ni se valora en su justa medida.

En este sentido, la mejor medida de prevención «racional» para evitar o minimizar los efectos indeseables (agotamiento emocional) de la sonrisa «obligada» es que el colaborador esté formado, se identifique con su trabajo, lo considere de utilidad para la sociedad y se sienta apoyado y reconocido por la empresa.

El segundo motivo, más egoísta si quieres, es porque ver dibujada una sonrisa en el rostro de alguien me relaja y me da confianza. Tanto es así que, en el caso concreto de las azafatas —y sus homólogos masculinos—, no vuelo tranquilo si veo caras con expresión de excesiva seriedad. Pienso que algo no va bien. En cambio, cuando veo rostros sonrientes, respiro tranquilo hasta con las imprevistas y molestas turbulencias.

Pero si en el cielo funcionan, a ras de suelo ni te cuento. La sonrisa de bienvenida es obligatoria en el *retail*, indispensable en el bar de los desayunos y muy conveniente en la consulta del dentista. Como bien dice el conocido refrán chino: «Quien no sabe sonreír no debe abrir una tienda».

Y el mismo principio debería aplicarse en las entrevistas de trabajo. Allí, hasta tendría que estar penalizado no recibirte con una sonrisa de oreja a oreja y enseñando todos los dientes. Vas a pasar un mal trago, te harán preguntas incómodas para ponerte a prueba, se te disparará el cortisol, tendrás taquicardia, sudarás la gota gorda, te temblarán las piernas y hasta es muy posible que, después de tanta fisiología desbordada, salgas con las manos vacías.

¡Qué menos que obsequiarte con una sonrisa de bienvenida antes de pasar por este calvario!

Auténticos... ¡pero impresentables!

> «Un día helado de invierno, varios erizos se
> apiñaron muy juntos para, gracias al calor
> mutuo, evitar congelarse. Pronto sintieron el
> dolor que les causaban las púas de los otros,
> lo que los hizo separarse nuevamente».
>
> ARTHUR SCHOPENHAUER

Veo a menudo frases pretendidamente motivacionales del tipo «da igual como seas, pero sé tú mismo» o simplezas por el estilo, alentando al personal a comportarse como «le salga de dentro», para evitar potenciales traumas por reprimirse.

Y cada vez que las leo, me asusto, de veras. Se me ponen los pelos de punta. ¡Socorro!, pienso para mis adentros. No quiero que ningún impresentable airado, ningún maleducado vocacional, se me manifieste tal cual es. Lo prefiero un poco menos «auténtico», menos espontáneo si quieres, pero más tratable. Por favor.

Sin embargo, existe una corriente de pensamiento, fuertemente instalada entre los más jóvenes, que raya el exhibicionismo y promueve el mostrarse «desnudo» ante los demás como filosofía vital, pero, curiosamente, ninguno se pregunta si esos demás desean realmente verte «en bolas», metafóricamente hablando.

Y esa, y no otra, es la cuestión que tienen que plantearse los «auténticos» de turno. En otras palabras, ¿es bueno ser genuino y sincero? Sí, por supuesto; pero ¿es conveniente que tu jefe sepa que le odias a muerte...?, ¿es necesario soltarle a tu colega que no le tragas y que te cae fatal? Quizá a los ojos de algunos partidarios de la transparencia total sea una hipocresía intolerable esconder todos estos pensamientos tan íntimos, pero yo no me la jugaría.

Crecer como persona, socializar con los demás, exige autorregularse continuamente para no chocar con los otros y practicar una cierta reserva, una cierta distancia, a la hora de mostrarnos ante ellos: se llama tacto, y es una competencia transversal que no va de máscaras, ni de disfraces, ni de hipocresía, sino sencillamente de proteger a nuestros congéneres de nuestro yo más auténtico, que —siento desencantar a los más ingenuos— no siempre es un derroche de bondad, ni de virtudes. El agudo y punzante fragmento del *dilema del erizo* atribuido a Schopenhauer y que encabeza este capítulo lo ilustra de modo magistral. Que corra el aire.

Querido/a reclutador/a...

> «La única forma de que una empresa crezca, se mantenga fiel a su alma y siga teniendo éxito es atraer, contratar y conservar a gente estupenda».
>
> Danny Meyer

Van transcurriendo los días y sigo sin noticias tuyas. Ya han pasado dos semanas desde que nos despedimos con tu firme compromiso de decirme algo «en un par de días a lo sumo...», y la demora se me está haciendo eterna. No hago más que mirar el móvil compulsivamente esperando ver entrar una llamada que me devuelva la esperanza, pero es en vano.

Solo me llaman los de la compañía de seguros. Y los del banco, para que les domicilie una nómina que no tengo. Con los mensajes, más de lo mismo: nada de nada. Ni un consolador *email* de cortesía para anunciarme que la plaza ya ha sido cubierta y, eso sí, desearme toda la suerte del mundo en futuros procesos. Otras empresas de selección sí lo hacen y, aunque no te solucionan nada, es un detalle que los candidatos agradecemos de todo corazón. Te lo aseguro.

Y es esa prolongada ausencia de novedades, sumada a mi comprensible deseo de tenerlas, lo que me ha llevado a escribirte estas líneas:

Sé que lo nuestro nunca fue un «romance», sino una mera relación de interés en la que tendríamos que salir los dos ganando: tú, un candidato para tu cliente, y yo, una nueva oportunidad para salir del desempleo.

Pero aun así, te he de reconocer que lo hiciste tan natural, que conseguiste que, a pesar de que venía hecho un flan, me sintiera cómodo y relajado casi desde el comienzo de la entrevista. Te felicito por ello; algunos colegas tuyos han fracasado en el intento y he llegado a salir más tenso de lo que entré. Que ya es decir.

Por eso mismo, poniéndome en tu lugar, también me hago cargo de que las cuestiones que me planteabas no tenían como propósito ponerme más tenso, sino sencillamente averiguar en qué medida poseía los conocimientos, talentos y actitudes requeridas para desempeñar con éxito las funciones del puesto.

Es lógico. Yo, de ti, hubiera hecho lo mismo. Otra cosa fue cuando me intimidaste con aquella pregunta tan directa que literalmente me puso entre la espada y la pared. Pasé un mal momento. Pero lo recuerdo sin acritud porque ahora sé que lo que buscabas era precisamente descubrir mi nivel de resiliencia. Ahí casi me pillas, pero salí airoso de la prueba... ¿te acuerdas?

También tengo en mente lo hábil que fuiste en esquivar aquellas cuestiones que te hice relativas a tu cliente; sus niveles de rotación de personal, el ambiente que se respiraba, si era una empresa orientada a la conciliación laboral... Si no recuerdo mal, me dijiste que esos detalles, llegado el caso, los hablaría directamente con ellos. También entiendo tu reserva: no puedes mojarte más de lo estrictamente necesario y siempre dentro de los límites que te ha marcado tu cliente.

Bueno, ya ves que he tratado en todo momento de ser empático contigo, entender tu trabajo, tus recursos limitados y comprender que tienes un montón más de candidatos a los que entrevistar y hacer seguimiento. Y eso requiere tiempo. El tiempo que quizá te falta para responderme a mí —tal y como me aseguraste que harías—, y así aliviar un poco la angustia del que te escribe.

Por eso es justo que ahora seas tú el que se ponga en mi lugar e imagines cómo estoy viviendo —sufriendo, mejor dicho— esa situación de incertidumbre, de ansiedad, que me tiene totalmente bloqueado. Tampoco pido tanto: solo saber en qué punto del proceso me encuentro y poder obrar en consecuencia. Es la legítima aspiración de cualquier entrevistado. ¿No lo crees tú también así?

Espero que los Reyes Magos o Santa Claus —tanto monta, monta tanto— te regalen aquel tiempo que te falta para atender a los candidatos con la exquisitez que se merecen. Yo, por mi parte, les he dejado unos cuantos polvorones y unas copitas de cava, a ver si cuela y me traen un poco más de paciencia. Que se me está agotando.

«Me lo dejo para mañana»

> «Por la calle del "después", se llega a la plaza del "nunca"».
>
> Luis Coloma

Es una de las sentencias preferidas de los que cogen el (mal) hábito de demorarse en el cumplimiento de los compromisos. «Me lo dejo para mañana», se dicen contentos y felices por poder postergar una tarea tediosa y aburrida con la ilusoria idea de retomarla y completarla a la mañana siguiente. Pero se mienten. Y lo saben.

Llega el «mañana» y la tarea sigue siendo igual de pesada y aburrida que el día anterior, pero con el agravante de que su resolución ya va tomando aires de urgencia. Los días corren y el plazo de entrega sigue en su sitio, inamovible.

Evitar el dolor y perseguir el placer son dos máximas que explican muchos de los comportamientos del ser humano, por lo que parece que «doña demora», al aplazar la realización de una tarea en primera instancia desagradable, se estaría limitando a corroborar el mandato biológico. Pero una cosa es la biología y otra muy distinta la visión responsable del profesional maduro. El que la postergación tenga el terreno abonado entre los comodones recalcitrantes, que no son pocos, no justifica que su presencia se haga crónica en el trabajo. El aplazamiento —procrastinación en versión anglosajona— sabotea el desempeño profesional de ejecutivos altamente preparados con los mismos efectos devastadores que una mancha de tinta sobre el currículum impreso. Las demoras injustificadas son una muestra evidente de inmadurez que va minando poco a poco la credibilidad del que aplaza por sistema hasta que la destruye por completo.

¿Y cómo combatir a tan escurridizo enemigo? Hay un montón de trucos para hacerle frente y la literatura del *management* es prolija en la cuestión; desde dividir la tarea compleja en otras más sencillas para hacerla más digerible hasta cambiar el entorno en donde llevarla a cabo, pero sea cual sea el truco que escojas, desengáñate, no funcionará si no estás comprometido al cien por cien contigo mismo y con tu tarea. Esta es la clave: el compromiso. Lo que tengas que hacer, ¡hazlo ahora!

Estimado/a candidato/a...

> «En esta vida se puede ser de todo menos poco considerado».
>
> ANÓNIMO

«Hace poco que perdí mi empleo... la semana pasada me inscribí en una oferta a través de LinkedIn que pintaba bastante bien y se ajustaba a mi experiencia. Al poco tiempo, me llamaron para tener un primer cambio de impresiones y, al finalizar, me anunciaron que en breve contactarían conmigo para una primera entrevista personal. Ha pasado un mes y... ¿a ti te han dicho algo?, pues a mí tampoco».

¿Te resulta familiar este testimonio? Y lo grave es que no se trata de un fenómeno aislado, como los brotes verdes o los anillos de Saturno, no. Se podría escribir un libro con ejemplos de este tipo. Y hasta una enciclopedia. La falta de «seriedad» de algunas empresas en este aspecto es una queja bastante común entre jóvenes y no tan jóvenes, empleados y desempleados, todos ellos hastiados de que se les trate con tan poca consideración.

Las personas que aplican para una vacante, singularmente las que se encuentran desempleadas, esperan, con la ansiedad propia de la situación, noticias acerca del estado de su candidatura, y no es de recibo —a no ser que la empresa lo haya especificado claramente en la oferta— que a estas alturas, con la inteligencia artificial (IA) en plena efervescencia y los sistemas de respuesta automática funcionando en la mayoría de empresas, no haya al menos un triste acuse de recibo personalizado, en forma de *email* de agradecimiento para los aspirantes al puesto, por el simple hecho de haber escogido nuestra empresa para postularse (un *estimado/a candidato/a*, por muy impersonal que suene, siempre es preferible a un desmoralizador silencio administrativo).

En este sentido, los afortunados admitidos en el proceso también agradecerían que se les informara del estado (progreso o rechazo) de su candidatura; quieren saber y están en su derecho. El simple hecho de habernos hecho llegar su historial profesional los hace merecedores, por una cuestión de pura reciprocidad, de una respuesta que, en muchas ocasiones, brilla por su ausencia.

Todo ello, en mi modesta opinión, debería ser motivo de reflexión y preocupación para todos aquellos que se dedican a la gestión de personas. ¿Por qué? Pues muy sencillo, porque, lo quieran o no, en el momento en el que entran en contacto con el candidato son el referente de los valores y el escaparate de las conductas de la organización.

Y si una empresa declara públicamente en el panel de bienvenida su compromiso con el «respeto mutuo» como valor inspirador de su quehacer diario, y durante un proceso de selección hace esperar inútilmente —una manifiesta *falta de respeto por el tiempo ajeno*— a un candidato para darle la contestación que proceda, está siendo incongruente con sus principios. Está contraviniendo sus valores. Luego, de entrada, no es una organización fiable. Empezamos mal.

Un Departamento de Personas es —y debe ser— el depositario del toque humano en las empresas, es el territorio de la empatía por excelencia, es el que ve Personas con mayúsculas cuando otras unidades de negocio solo ven cifras; es el que vela por la integridad y ejemplaridad de los líderes; el que busca la conciliación laboral y diseña entornos de trabajo que hagan más felices a los empleados... etc., etc. Y por todos estos motivos y muchos más, no puede permitirse el desliz de tratar ni a un solo candidato con el desdén o la indiferencia del que deja a la novia plantada en el altar, o en el juzgado, sin más explicaciones. O al novio. Eso no sería predicar con el ejemplo.

Su candidatura ha sido descartada

«Cuando todo parezca ir en tu contra, recuerda que el avión despega con el viento
en contra, no a favor».

HENRY FORD

La primera vez que lo lees en la pantalla de tu terminal, así a
palo seco, tu rostro palidece, se dispara el cortisol y se desata
un torbellino emocional interno que hace tambalear tu ego.
Te han tocado la fibra. A nadie le gusta que le den «calaba-
zas»: ni en el plano amatorio, ni por supuesto tampoco en el
profesional.

Deprime lo suyo que te confirmen que tu historial profesional ha terminado en la basura como un vulgar *kleenex*.
Aunque te enteres a través de la pantalla de un portátil. Imagino que, con el tiempo, uno «casi» se acostumbra a este
tipo de descartes digitales, y digo casi porque el verbo en
cuestión (*descartar*) tiene unas connotaciones de exclusión
que no pueden ser del gusto de nadie. Por poco sensible que
uno sea.

Pienso para mis adentros que con un poco de voluntad y
empatía —y en eso no hay que ser rancios— las empresas

podrían hacer más liviano el revés poniendo en práctica procedimientos que tuvieran como finalidad mantener a salvo el autoconcepto y la autoestima del candidato, y al mismo tiempo ofrecerle algunas pistas productivas («hemos optado por un candidato con mayor experiencia/habilidades en el área de...») sobre los motivos del rechazo.

En cualquier caso, lo que queda claro es que, si te has fijado como meta un cambio en tu vida profesional, no te queda otra que relativizar el fiasco, considerarlo como un tropezón puntual y, sobre todo, mantener la moral y perseverar en la búsqueda.

Eso sí, todo ello acompañado de un obligado ejercicio de introspección para detectar (y subsanar en la medida de lo posible) aquellas debilidades curriculares —o de la propia entrevista si esta hubiese tenido lugar— que pueden haber propiciado tu exclusión del proceso. Y después... ¡a ensayar y a por la siguiente!

Promesas incumplidas

«No puedes mantener una promesa solo cuando te va bien. Hay que mantenerla aunque no te apetezca. Ese es su significado».

KEN FOLLETT

«Cuando iniciamos las conversaciones para incorporarme a su empresa, el gerente me comentó que tendría un buen plan de carrera, objetivos realistas, un horario flexible, una zona de trabajo delimitada y una cartera de clientes por potenciar... Después, la realidad fue muy distinta: horarios eternos, objetivos inalcanzables y de las comisiones... ni rastro».

¿Te suena? Pues, a pesar de ello, todavía hay profesionales de buena fe que sucumben a los cantos de sirena de algunos directivos, vendedores de humo (por llamarlos de algún modo elegante) que les regalan los oídos con promesas de horarios de rechupete, fabuloso ambiente de trabajo, ascenso meteórico en pocos meses, atractivos bonos e incentivos y un largo etcétera de golosos beneficios con tal de persuadirlos para que estampen su firma en el contrato y acepten aquel puesto que no cubrían ni con calzador. Ni con coche de empresa.

¿Y qué pasa después? Pues lo del refrán: «Mucho prometer, mucho prometer, y después de conseguido, nada de lo prometido». En otras palabras, cualquier parecido con la realidad resulta ser mera coincidencia. Ni bonos, ni ascensos meteóricos, ni na de na. Y de los horarios... mejor no hablar. «Donde dije digo, digo Diego» y además... esto es lo que hay.

Pero si al incauto ejecutivo lo podemos tildar de primo, inocente, insensato, crédulo, al directivo sin escrúpulos solo le podemos adjudicar un calificativo: farsante. Así, con todas las letras.

Y si la candidez del ingenuo reclama a gritos una buena dosis de madurez enriquecida con vitamina A (para tener más «vista» ante futuras ofertas), al directivo embaucador que prometía lo que no podía prometer, sus mandos deberían aplicarle un correctivo ejemplar e inscribirlo en un seminario intensivo de «liderazgo ético», del que solo pudiera ausentarse momentáneamente para ir al servicio, a fin de que interiorice lo que significa practicar la honestidad cuando se lidera.

Cualquier relación laboral, desde la toma de contacto inicial hasta la desvinculación final, debe estar siempre presidida por la integridad. Y todo lo que no vaya en esa dirección, todo lo que no esté sustentado en valores positivos (justicia, honestidad, coherencia, compromiso, sinceridad, etc.), está condenado tarde o temprano al fracaso. Irremediablemente.

¿Brillar o deslumbrar?

Decía Gandhi que «no hay que apagar la luz del otro para lograr que brille la nuestra». Y me parece una frase muy inteligente y adecuada para los tiempos que corren y que viene que ni pintada para ilustrar las líneas que siguen.

Dicen que si no estás en la red, no existes, pero tengo la impresión de que la visibilidad exagerada tampoco tiene que ser buena. A mí, al menos, me parece tremendamente cansina, porque una cosa es hacerse notar, vender «marca personal», hacer aportaciones de valor («brillar»), y otra muy distinta —a mi modesto entender— es saturar el mundo, minuto a minuto, con información personal tan poco relevante profesionalmente como que te has casado por décima vez o que te has hecho un tratamiento *antiaging*.

Esto no es hacer *branding*, es exhibicionismo puro y duro, y lo único que consigue a la larga es empachar al personal. Ser reconocido como un profesional brillante en tu nicho de mercado, alguien que aporta valor y ayuda a los demás, debe suponer un orgullo para uno mismo y sobre todo un estímulo, un acicate, para que otros, si quieren, traten de emular —sin compararse— y ser brillantes a su vez.

Deslumbrar al personal para satisfacer al insaciable ego haciendo constantes alardes de sapiencia consigue el efecto inverso: cegar a los que te siguen y generarles una ansiedad innecesaria al hacerles creer que eres inalcanzable, y que su progreso es poco menos que una pérdida de tiempo. El buen profesional que hace valer su *expertise* en las redes sociales quiere seguir destacando, pero no a costa de desmoralizar a quienes todavía están en la línea de salida, sino aportando lo suficiente para iluminar el camino de aquellos valientes que se han atrevido a dar sus primeros pasos.

Será quizá por eso que los profesionales brillantes de verdad, con luz propia, como las luciérnagas, son competentes y considerados a la vez, y por eso despiertan siempre admiración, mientras que las petulantes «eminencias», las que deslumbran con su arrogante y empalagoso despliegue de sabiduría, suelen terminar generando un doloroso rechazo. Mal negocio.

«Es una cuestión de principios...»

«Todos queremos ser tratados con dignidad, y si estamos en un entorno laboral donde los empleados sienten que no se les trata con dignidad, se crea una cultura muy tóxica».

DONNA HICKS

Hay liderazgos selectivos que solo prestan atención a los comportamientos anómalos que puedan suceder en la superficie, en la epidermis, de la organización que dirigen, pero, inconcebiblemente, prefieren ignorar las causas de los mismos; la parte invisible del iceberg. La más grande.

Estos líderes intencionalmente miopes son los mismos que piensan que con organizar una cena de fin de año o preparar una sesión de *outdoor* en un idílico paraje verde, con la intervención de un orador motivacional de moda como invitado, un *break* con comida *healthy*, y unos postres caseros para rematar, los colaboradores van a querer cambiar 180° cuando estén de vuelta en la oficina. Y se equivocan.

En este caso, el orden de los factores sí altera el producto, por lo que es más que razonable pensar que las personas no tienen ni la más mínima intención de modificar ninguno de sus comportamientos contraproducentes (falta de compromiso, ausentismo, bajo rendimiento...) mientras no tengan la certeza absoluta de que van a ser tratadas con respeto a su dignidad como personas en todas las circunstancias que puedan acontecer en el día a día de la empresa. Incluso las más peliagudas.

Este es un aspecto que, sorprendentemente, se suele pasar por alto, como asumiendo que estas dos condiciones, respeto y trato digno, se dan por defecto en la mayoría de organizaciones. Pero la realidad es tozuda y nos confirma que, lamentablemente, no siempre es así, ni mucho menos. En contextos de alta tensión, es más que probable que algún jefe poco empático olvide momentáneamente estas premisas, tan fundamentales como obvias, y trate al colaborador de manera desconsiderada confiando en que el suceso en cuestión quede en una simple anécdota sin más trascendencia. Esta creencia tan arraigada denota, además de una ingenuidad total, una manifiesta ignorancia de la naturaleza humana. Las personas no olvidan fácilmente lo que perciben como una vulneración de su dignidad, y priorizarán el restablecimiento de la misma a cualquier intención de cambio. Por apremiante que este pueda ser. Lo primero es lo primero.

Actuar contra esta lógica de cajón es algo así como querer empezar la casa por el tejado. Y la experiencia nos dice que no suele funcionar. Cuestión de principios.

Cómo desmotivar a distancia

> «Si solo tienes un martillo, todo te parece un clavo».
>
> Abraham Maslow

Hay jefes que no quieren dejar de mandar ni que estén en fase de sueño REM. Ni en la otra punta del globo. Para este tipo de mandos tan controladores, ejercer la autoridad sobre sus subordinados no es un privilegio, sino casi una enfermiza adicción. Y si en otros tiempos la distancia podía suponer un alivio momentáneo y una liberación pasajera para los sufridos subalternos, ahora las nuevas tecnologías —tan maravillosas para otros menesteres— cercenan esta posibilidad y te condenan a vivir conectado con la persona que rige a su antojo tu destino profesional las 24 horas del día.

La profusión de tics de control y dominio en sus mensajes escritos —*emails* y *whatsapps*— testimonian de manera indeleble esta obsesión autoritaria, este miedo a perder el control, que padece ese pobre diablo. Y como en la comunicación digital no existe ninguna otra señal no verbal que pueda compensar o atenuar el grado de imposición del mensaje, el vocabulario empleado y las formas utilizadas se llevan todo el mérito. El demérito, en este caso.

Viene a continuación una selecta recopilación de ejemplos —respetando siempre el texto original— de algunos de los desatinos autoritarios más habituales en los mensajes escritos:

1. Ausencia de introducciones de cortesía: ni buenos días, ni buenas tardes, ni un triste hola. Desde el primer momento te está diciendo quién manda ahí y lo que tú representas para él: un cero a la izquierda.
2. Uso reiterado del imperativo en el cuerpo del mensaje «haz esto», «lo que tienes que hacer...», «quiero que me lo remitas antes de...», «me lo tienes que enviar a mí...». El mensaje implícito es que él es quien manda y tú eres un simple currito que tiene que limitarse a obedecer.
3. Utilización de ironías o sarcasmos: «La próxima te lo puedo poner en mayúsculas...», «te lo pongo en inglés a ver si lo entiendes mejor...», «veo que te cuesta un poco captar las cosas». La mejor manera de herirte sin derramar sangre.
4. Falta de fórmulas de despedida. El jefe te da un portazo simbólico y finaliza bruscamente la comunicación.

Ni que decir tiene que todos sientan fatal al receptor del mensaje, aunque —y es muy comprensible— se llevan la palma el abuso del imperativo y la utilización del sarcasmo. Y con razón. A nadie le gusta recibir órdenes ni ser objeto de burlas soterradas. Y las humillaciones, tarde o temprano, pasan factura en forma de resentimiento.

Es decir, que si lo que pretende el jefe es tener un equipo domesticado, sumiso y desmotivado, estos ejemplos de comunicación nefasta le pueden servir de modelo. Ahora bien, si lo que persigue es otra cosa, como tener un equipo motivado, participativo y abierto al *feedback*, habría que decirle que va por mal camino. Justo en dirección opuesta.

Quien no llora, no mama

> «Solo la rueda que chirría logra que
> la engrasen».
>
> PROVERBIO INGLÉS

Los lactantes humanos son unos auténticos maestros en el noble arte de pedir sustento. Sus llantos desesperados se hacen oír a distancia reclamando lo que les toca. Y no perdonan una. No se trata de que tú también le des la lata a tu jefe cada cuatro horas cual insaciable recién nacido hambriento, pero si en el trabajo no haces saber proactivamente tus necesidades a los demás, te pueden dar las uvas. Y más.

Tu jefe o tus colegas no pueden ver más allá de lo que les muestras. No son adivinos. Por esa misma razón, confiar en que alguien te subirá el sueldo, te propondrá para gerente o te proveerá de más recursos sin haberlo solicitado, es casi tan ingenuo como creer que te ascenderán porque eres alto y calzas un 44.

Hay que «llorar» y saber hacerlo, pero, ¡ojo!, no en plan desahogos y lamentaciones permanentes —para eso ya están los detestables quejicas impenitentes que hacen las veces de plañideras—, sino expresando asertiva y respetuosamente tus necesidades, sustentadas por tus méritos, a la persona adecuada y en el momento oportuno. Por eso la recomendación es clara: pide lo que necesites y exige lo que te corresponde. Nadie más va a hacerlo por ti.

Colgarse medallas

«El hombre más feliz del mundo es aquel que sepa reconocer los méritos de los demás y pueda alegrarse del bien ajeno como si fuera propio».

GOETHE

Cuando obtener reconocimiento por algún tipo de esfuerzo extraordinario se hace más difícil que haber conseguido un triste reintegro en el sorteo de la Lotería Nacional, tener que ver cómo llega un tipo y... ¡zas! se hace con él por el morro, nos descompone. Y es que podemos ser transigentes y comprensivos con casi todo, pero si hay algo por lo que la gente no suele pasar, es ver cómo otros se cuelgan medallas que no les corresponden.

Molesta siempre, también cuando los afectados son los demás, pero indigna hasta el infinito cuando eres tú el directamente perjudicado al que han sustraído la gloria justamente merecida. Y, sin embargo, pese a la animosidad y el rechazo social que despiertan este tipo de comportamientos filibusteros, todavía hay mangantes circulando por ahí, colegas o jefes, dispuestos a robar méritos de otros para ganarse un aplauso que no merecen.

Mezquinos personajes que exhiben logros de otros como propios y hacen alarde de medallas que no han ganado. Gente sin escrúpulos y sin vergüenza, ventajistas y faroleros incorregibles, capaces de atribuirse el mérito de haber captado un cliente, de haber propiciado una venta o de haber conseguido el mejor descuento, en las narices del verdadero protagonista. Y todo ello sin pestañear ni sonrojarse siquiera. El egoísmo y la ruindad latente detrás de estos comportamientos parásitos nos provocan una repulsión de tal calibre que únicamente puede explicarse por la presencia de una innata conciencia de equidad, de sentido moral, que nos empuja a reaccionar y rebelarnos contra toda forma de injusticia. Esta es la buena noticia.

La otra curva de la felicidad

«Las personas trabajan por dinero, pero hacen un esfuerzo adicional para obtener reconocimiento, elogios y recompensas».

DALE CARNEGIE

Me refiero a esa característica curva que dibujan tus labios cuando esbozas una sonrisa de oreja a oreja como resultado de un merecido elogio después de días, semanas, quizá meses, de absoluta sequía gratificadora.

Es por esta razón, por esa escasez crónica, que hay que poner punto final a esta especie de «ley seca» que penaliza el reconocimiento y que ha conseguido que tantos y tantos mandos sean reacios a proporcionar *feedback* de refuerzo, justificándose con el manido argumento de que las felicitaciones y las muestras de aprecio van siempre de la mano de las peticiones de aumento de sueldo. Excusas de mal pagador.

Tengo la convicción de que un buen número de jefes son reticentes al halago sencillamente porque asumen como cierto que dar valor al colaborador es restarse valor a uno mismo. Si tú ganas, yo pierdo. Y siguiendo esta lógica perversa, este *win-win* al revés, estos mandos funestos deben de creer también que, en la medida en que resten valor a sus colaboradores, crecerá su propia valía. Y así les va. O, mejor dicho, así nos va.

La triste realidad es que, según confirman todos los estudios serios sobre el tema, la mayoría de los trabajadores abandonan sus empleos a causa de sus jefes, y este dato ya debería ser un motivo suficiente para que los susodichos se tomaran muy en serio eso de los halagos y las felicitaciones. De verdad.

Adictos al currele

«Una buena regla para la vida es no ser adicto a una sola ocupación».

TERENCIO

No paran, no descansan y tampoco dejan descansar a los que les rodean, que es lo más grave. Son los adictos al trabajo, los *workaholics*, los que sufren síndrome de abstinencia si no se llevan algo del trabajo a casa, aunque sea un bolígrafo.

No es de extrañar, pues, que tengan declarada la guerra al ocio y al tiempo libre en cualquiera de sus manifestaciones; que hasta los domingos se los pasen viendo la tele con el *laptop* en el regazo mientras su pareja, a su vera en el sofá, espera en vano una mirada de disculpa o una caricia que nunca llega.

Sería interesante conocer con detalle el desproporcionado precio, en términos de fracasos relacionales, que han tenido que pagar estos currantes enfermizos por haber puesto el trabajo por delante y por encima de todo, relegando familia y amigos a un vergonzoso y patético segundo plano.

Y a la inversa; puestos a saber, también sería bueno contabilizar cuántos de ellos, directivos o no, se han hecho adic-

tos al trabajo como coartada para eludir otro tipo de responsabilidades familiares o de pareja que se les hacen demasiado
rutinarias, menos retadoras, o que, simplemente, no les «lle-
nan» o motivan lo suficiente, o cuántos, en realidad, se dedican en cuerpo y alma al trabajo desatendiendo otras áreas
tan o más importantes, porque no saben ocupar el tiempo
en otras cosas. Tengo el presentimiento de que más de uno
saldría retratado.

Con el aliento en el cogote...

«¿Quieres reducir la rotación? Olvídate de
la microgestión».

ANÓNIMO

Inaguantable. No hay ser humano en sus cabales que apruebe vivir fiscalizado a todas horas y en todo lugar. Yo, particularmente, he de reconocer que es de las pocas cosas que me sacan de mis casillas. Lo aborrezco y me irrita profundamente. Y, sin embargo, hay jefes hipercontroladores que parece que se encuentran más a gusto ejerciendo de policías que de consejeros. Un ansia de control insana que les lleva incluso hasta al extremo de situarse silenciosamente a sus espaldas, pegados al respaldo del sillón, para fisgonear a su antojo el trabajo de sus colaboradores, sin empatía ni respeto alguno por su autonomía. Ni por su cogote.

Y a pesar de su mala prensa, con todas las evidencias en contra en cuanto a su supuesta efectividad, el *micromanagement* —así se denomina esta nefasta práctica de gestión— va ganando adeptos entre aquellos jefecillos faltos de autoridad moral, inseguros, y que parece que se sienten menos vulnerables si supervisan con lupa y microscopio el desempeño de sus colaboradores. Milímetro a milímetro. Minuto a minuto. Incluso en las tareas más rutinarias. No quieren que se les pase ni el más mínimo detalle.

El *micromanagement* representa una desautorización constante de tu valía y, lo más triste, la constatación fehaciente de que la confianza de tus superiores es inexistente o está en vías de extinción. Un panorama desolador que solo invita al profesional que se precie a cambiar de aires y buscar nuevos entornos más maduros y respetuosos con la autonomía y el crecimiento de las personas.

Y se me ocurre una reflexión final: si el supervisor tiene tantos recelos, tanta desconfianza y tantas dudas acerca de la capacidad del colaborador para sacar el trabajo adelante, ¿por qué narices lo ha contratado?

Quemados no, lo siguiente

«Un talento "carbonizado" solo genera cenizas».

ANÓNIMO

Peter Senge, autor del afamado *best seller La quinta disciplina*, hace referencia en su libro a la historieta de la rana hervida para hablar de las barreras del aprendizaje en las organizaciones. Dice: «Si ponemos una rana en una olla de agua hirviendo, inmediatamente intenta salir. Pero si ponemos la rana en agua a la temperatura ambiente y no la asustamos, se queda tranquila. Cuando la temperatura se eleva de 21 a 26 grados centígrados, la rana no hace nada, e incluso parece pasarlo bien. A medida que la temperatura aumenta, la rana está cada vez más aturdida y, finalmente, no está en condiciones de salir de la olla. Aunque nada se lo impide, la rana se queda allí y hierve».

Ya te habrás percatado de que, además de las patentes implicaciones para el aprendizaje organizacional a las que alude Peter Senge en su libro, existe también un sospechoso paralelismo entre la historieta de la masacre de la rana y el proceso de *burnout*, en forma de *tueste ralentizado*, al que algunos empleados se ven sometidos por empleadores con poca vista y menos escrúpulos.

Los jefes propensos al abuso laboral pocas veces van a dictar normas susceptibles de acabar en magistratura; suelen ser más astutos. Son más de ir incrementando el abuso —subiendo la temperatura de cocción— poco a poco, grado a grado, progresivamente.

Primero te piden como favor que te quedes un ratito más para terminar una tarea, a lo que accedes voluntariamente, hasta con agrado (como la pobre rana de la parábola), por aquello de las ganas de complacer, pero luego, cuando ya has sentado precedente, las peticiones del jefe abusón se van sucediendo cada vez con más frecuencia, menos vergüenza y más descaro. Ahora ya no son solícitos ruegos, sino imposiciones en toda regla que no admiten discusión: «Que si hoy no podemos salir hasta finalizar este proyecto...», «que parece mentira que pongas mala cara por una horita de más...», «que no nos vamos a casa hasta resolver ese asunto...», «que esta tarea tenía que estar terminada antes de ayer...», «que lo siento mucho, pero tienes el fin de semana para preparar una presentación para el lunes», etc., etc. (Cada uno sabe los suyos). Lo dicho, lo que empezó como un favor puntual intrascendente (unos graditos de más sin importancia...) acaba convirtiéndose en un proceso de tueste crónico sin posibilidad de marcha atrás y que suele concluir cuando el empleado, chamuscado hasta el tuétano, pide la baja por quemaduras de tercer grado (*burnout* total). Y el jefe abusón todavía se pregunta el porqué. No te lo pierdas.

«Yo al trabajo no vengo
a hacer amigos»

> «Ninguno de nosotros es tan bueno como
> todos nosotros juntos».
>
> RAY KROC

Sentencia tajante donde las haya y que todos hemos oído alguna vez, muchas veces en boca de empleados con pocas habilidades sociales intentando justificar su aspereza en el trato o pronunciada con cierto desdén por jefes recién promocionados, novatos, que tirando de la frase de marras quieren dejar sentado que, ante todo, quieren ser respetados. Temidos, más bien diría.

Y la cosa es que llevan razón. Aunque no toda. Las relaciones en el trabajo tienen una finalidad instrumental evidente, por la que nos pagan, pero tampoco podemos descuidar la parte afectiva de las mismas. Es más, si eso ocurre, si prescindimos del componente relacional y nos enfocamos estrictamente en la tarea, peligra el trabajo en equipo y, en consecuencia, hasta nuestro propio puesto.

Está claro que al curro no se viene a contar chistes, ni a jugar a la petanca, o a marcarse un baileteo, pero tampoco a quedarse aislado en un rincón como si fueras un apestado.

Escoger a los amigos fuera del trabajo es una elección personal, pero «llevarte bien» con los compis del trabajo —básicamente una relación educada y saludable— no es algo opcional, sino «casi» un requisito del puesto. Formas parte de un equipo que tiene que colaborar para alcanzar resultados. Y esto requiere de una cierta sintonía relacional para evitar fricciones innecesarias o conflictos estériles. Y buenas caras.

Dime que me quieres

«Es imposible la salud psicológica a no ser
que lo esencial de la persona sea fundamen-
talmente aceptado, amado y respetado por
otros y por ella misma».

ABRAHAM MASLOW

Anda, no seas rácano y dime lo mucho que me aprecias. Ár-
mate de valor, respira hondo, practica *mindfulness, tai-chi...*,
lo que quieras, pero dime de una vez por todas que me valo-
ras como profesional y como persona. Sabes tan bien como
yo que querer recibir muestras de reconocimiento no es un
capricho, ni una señal de inmadurez. Es una necesidad vital.
Como el comer.

No hay motivo más predecible para empezar a consul-
tar las web de empleo que el sentirse poco apreciado por
tus jefes; esta desagradable sensación de «invisibilidad», de
que no eres nadie, hace mella hasta en los corazones más
curtidos.

Al igual que no existe razón más poderosa para permanecer y comprometerte con un proyecto que «palpar» que tu
contribución es valiosa. A más reconocimiento, más satis-

facción laboral y menos rotación. De cajón. Y tú lo sabes. Pero, aun así, te da la sensación de que, si me haces sentir valioso, tú vas a perder autoridad, cuando es absolutamente al revés: cuanto más reconocimiento (merecido) me des, más te voy a respetar y más en consideración te voy a tener.

Y ni se te ocurra excusarte con aquella frase tan odiosa, tan gastada, la del «tú ya sabes que te aprecio, no hace falta que te lo diga». Falso. Quiero oírlo de tu boca. Y si no me lo dices tú, me buscaré a otro/a que sí lo haga. Tenlo por seguro.

¡Aquí mando yo!

> «El liderazgo debe ser agradable, afable, cordial y sobre todo emocional. La moda de liderazgo autoritario se ha ido».
>
> VICENTE DEL BOSQUE

La frase de marras es mucho más que un simple recordatorio de quién detenta el poder; es la expresión verbal de una forma de ser y de vivir. Los jefes autoritarios de la vieja escuela —que parece que no acaba de renovarse nunca— fueron seleccionados o promocionados por sus dotes de mando, sus rasgos dominantes, y son felices haciendo gala de sus atributos en cada oportunidad que se los permite.

Para ello, no escatiman ni regatean esfuerzos, todos dirigidos a dejar constancia visual de quién es el dueño del territorio, como los chuchos marcando las esquinas: el despacho más grande, la mesa más amplia, el respaldo más alto, y una expresión poco amistosa en el rostro para rematar la faena y desanimar a posibles rivales.

Todos los signos de poder, dedo índice acusador incluido, son pocos cuando de lo que se trata precisamente es de proclamar a los cuatro vientos quién está al mando del timón. No fuera a ser que algún mequetrefe despistado no se enterara y entrara en su despacho por equivocación.

El mando autoritario tiene verdadera aversión a la participación, al empoderamiento y a la delegación. Son sus *kryptonitas* particulares, como la de Superman. Y solo de pensar que son factores que les pueden debilitar y restar poder, descartan cualquier futuro para estas habilidades sociales. Se les romperían todos los esquemas.

¿Se puede trabajar a gusto con un jefe de estas características? Sí, siempre y cuando estés dispuesto a ceder e inclinar la cerviz sin rechistar. De lo contrario, mejor te buscas otra empresa. O, por lo menos, otro jefe.

¡Llámame dinosaurio!

> «Disciplina es abordar los hechos duros, pragmáticos y brutales de la realidad y hacer lo que haga falta para que ocurran las cosas. La disciplina surge cuando la visión se une al compromiso».
>
> STEPHEN COVEY

No sé si soy un viajero del tiempo recién llegado del Jurásico o simplemente un «antiguo» de tomo y lomo, de los recalcitrantes, pero el caso es que no comprendo esta persistente campaña, ese discurso machacón contra todo lo que huela a disciplina, fuerza de voluntad, autocontrol..., ni entiendo el empeño de media humanidad por poner en los altares todo lo que representa laxitud, comodidad y atajos para conseguir las cosas: al final, pura desidia.

Está bien lo de la autoestima —es bueno reconocer el valor propio—, pero es la autodisciplina, el autocontrol necesario para centrarse en el largo plazo y evitar las reacciones impulsivas, y neutralizar la nefasta tendencia a la búsqueda de la gratificación inmediata, la que finalmente nos permitirá avanzar en cualquier proyecto.

No nos engañemos: a pesar de toda la mala prensa que tiene el término disciplina, injustamente asociado a tenebrosos, coercitivos y cinematográficos internados con directores de semblante malévolo, ser disciplinado, ser capaz de priorizar lo realmente importante, abstraerse de otros estímulos distractores y llevar un orden, es la mejor garantía para conseguir que los temas avancen. Los resultados no suelen caer del cielo.

Y todos sabemos, aunque a veces hagamos como si no, que hacer que las cosas sucedan —pagando el peaje correspondiente en términos de esfuerzos— es la clave para progresar en cualquier campo de la vida. O sea, todo lo contrario a permitir que sean los acontecimientos o eventos externos los que te marquen el rumbo. Como un barco a la deriva.

¿Quién me ha escondido las llaves?

> «La libertad significa responsabilidad; por eso la mayoría de los hombres le tienen tanto miedo».
>
> George Bernard Shaw

O el móvil, las gafas, la cartera, etc., son las preguntas que, enfadados y en un tono manifiestamente acusatorio, solemos lanzar a nuestro entorno cuando no encontramos aquello que desesperadamente buscamos.

Nos ponemos hasta groseros con los que creemos responsables de nuestra desdicha, no entendemos que no compartan nuestra preocupación, y entonces, con la respiración agitada, cara de sabueso, repetimos una ya clásica letanía en tres fases: 1) «pero ¿cómo puede ser...?», 2) «si yo lo dejé aquí...» y 3) «¿...quién me lo ha escondido?», empezamos a remover frenéticamente tierra, mar y aire en forma de cajones, armarios y sofás para localizar nuestra preciada posesión inexplicablemente desaparecida.

Y una vez puesto todo patas arriba, con el mismo afán de un inspector de hacienda a la búsqueda de bienes no declarados, y descubrir que tenemos que barrer más a menudo, de pronto, como por arte de magia, aparece el objeto en cuestión. ¿Dónde? En el lugar en el que nosotros lo habíamos dejado.

Nuestro despiste nos ha jugado una mala pasada y ahora tocaría (porque muchas veces lo pasamos por alto) pasar el mal trago de pedir disculpas a los injustamente ofendidos. ¿Te resulta familiar esta escena?

No hace falta tener mucha imaginación para encontrar indudables paralelismos entre este reiterado drama doméstico y determinados comportamientos que se dan también frecuentemente en el contexto profesional.

Aquí van tres:

1. Tendemos a buscar culpables de nuestra falta de resultados y para ello tenemos una retahíla de excusas preparadas para la ocasión; desde el tiempo que no acompaña hasta los clientes que no saben lo que quieren.
2. Cuando las situaciones nos son adversas, a menudo nos resulta difícil mantener la calma, el sistema límbico toma el mando, nos traiciona, y arremetemos airados contra nuestro entorno, que tiene que aguantar injustamente nuestro enojo.
3. Tenemos propensión a rehuir la responsabilidad sobre las consecuencias de nuestros actos, sobre todo si son negativas. Existe una sospechosa inclinación a «lavarse las manos» en clave Pilatos, es decir, sin que la higiene tenga nada que ver.

Superar estas irresponsables actitudes, con resultados cala-mitosos en muchas ocasiones, pasa en primer lugar por to-mar conciencia de nuestras emociones y su efecto sobre los demás, y también por poner el foco en uno mismo, es decir, pasar —metafóricamente— del exculpatorio «¿quién me ha escondido las llaves?» a un realista y maduro «¿dónde habré puesto mis llaves?», que nos haga reflexionar sobre nuestra parte de responsabilidad en la resolución del problema, asu-mirla y actuar en consecuencia. Que no es poco.

Enseñar los dientes

«Es excelente tener la fuerza de un gigante,
pero es de tiranos usarla como un gigante».

WILLIAM SHAKESPEARE

«De tanto en tanto hay que enseñar los dientes para poner orden en el gallinero». ¿La has oído alguna vez? Es una frase socorrida que utilizan bastantes directivos de la vieja escuela cuando creen que algún subordinado mequetrefe está desafiando su autoridad.

El despliegue de gestos de poder —y «enseñar los caninos» es uno de ellos— es algo característico y relativamente frecuente entre los mamíferos, sobre todo por cuestiones relativas a la jerarquía, al reparto de recursos, territorialidad o rivalidad sexual. Tal parece que, en el entorno laboral, algunos humanos no quieren ser menos que sus parientes salvajes y también gustan de enseñar los dientes, pero sin necesidad de abrir la boca.

Las organizaciones muy jerarquizadas, donde suele predominar la competencia interna frente a la colaboración, son el caldo de cultivo óptimo para que aparezcan en escena este tipo de jefecillos, temerosos de que un rival con más talento les arrebate su posición de privilegio.

Suelen ser individuos inseguros que necesitan emitir señales de poder (mirada desafiante, golpes sobre la mesa, levantar la voz...) para dejar claro «quién manda ahí». Afortunadamente, en otro tipo de escenarios más colaborativos con estructuras menos jerarquizadas, donde lo que prevalece son las relaciones basadas en el respeto mutuo, este tipo de jefecillos no tienen cabida ni porvenir alguno: su sitio está en el gallinero.

El poder engancha

«En este mundo, el poder es un capital que hay que manejar con cuidado».

TOLSTÓI

¡Y de qué manera! Adictivo hasta decir basta, el que lo ha probado ya no quiere renunciar a él. Los galones marcan un antes y un después en la carrera de cualquier profesional.

Te cambian, y lamentablemente no siempre a mejor. Pero pocos se resisten a una oferta que implique poder mandar sobre otros, aunque sea a costa de sacrificar parte de la vida personal. Será por el «poso» chimpancé que arrastramos, o por otras razones sociológicas que se me escapan, pero todo apunta a que —al menos en primera instancia— lo de la jerarquía nos tira bastante.

El sentirse «por encima de» es mucho más adictivo que sentirse «solidariamente unido con». El poder engancha y, mal administrado, deshumaniza. Y la única vacuna contra los excesos del poder es inyectarse una buena dosis de humildad directamente en vena; es decir, obligarse a mantener un cierto equilibrio entre las relaciones de poder y las relaciones de solidaridad en tu día a día.

En otras palabras, mandar lo justo y necesario, pero ser espléndidos y generosos a la hora de cooperar con los demás (prestar atención y escuchar de manera empática, aportar ideas, mostrarse siempre dispuesto a colaborar, alentar la participación, reforzar la autoestima del otro, compartir conocimientos y logros, etc.). Ahí lo dejo.

¿Y la fuerza de voluntad?

«Hay una fuerza motriz más poderosa que el vapor, la electricidad y la energía atómica: la voluntad».

ALBERT EINSTEIN

Quien más quien menos se ha quedado boquiabierto alguna vez contemplando las proezas deportivas de los atletas con algún tipo de hándicap físico o mental. Verlos en acción desencadena una corriente de simpatía y solidaridad que hace remover nuestros egos, a la vez que nos hace congratularnos y sentirnos orgullosos de la condición humana que felizmente compartimos. Nos admiramos de su fuerza de voluntad, de sus sacrificios, de su motivación y, en definitiva, de su encomiable actitud de superación personal frente a las limitaciones de cualquier tipo.

Sin embargo, curiosamente, fuera de las pistas, en el campo profesional o académico, la fuerza de voluntad es un vocablo en desuso y apenas se menciona para describir el esfuerzo que supone trabajar con decisión, tenacidad, y dispuestos al sacrificio para conseguir algo que nos merece la pena. Parece que hayamos decidido que es un término un tanto «casposo», como pasado de moda, y preferimos atribuir los logros a la posesión de otras competencias profesionales más en boga.

Pero exiliarla del lenguaje cotidiano no consigue eludirla. La voluntad, esa capacidad de dirigir los esfuerzos en una dirección predeterminada, con un propósito en mente, y de manera sostenida a pesar de los obstáculos, sigue presente allí donde haya alguien inconformista que quiera convertir sus sueños en logros. Y es que sin voluntad no hay nada, o más justamente: no se llega a ninguna parte. No es suficiente la técnica, no hay bastante con disponer del último modelo de portátil si no hay ánimo de darle al teclado. La voluntad es ese puente entre el desear y el querer que nos permite convertir los proyectos en realidades, las apetencias en hechos.

Y aunque no case muy bien con los tiempos que corren, más bien proclives a la recompensa inmediata y poco propensos a todo lo que signifique «renunciar a» o «privarse de», todos sabemos, en el fondo, que el rumbo que tome nuestra vida depende en gran parte de la determinación con la que persigamos nuestra meta y del precio que estemos dispuestos a pagar para alcanzarla.

Madurez, divino tesoro

«Existir es cambiar, cambiar es madurar,
madurar es crearse a uno mismo sin cesar».

HENRI BERGSON

Sí, peinar canas también puede ser una fuente de satisfacciones. Y no porque yo mismo esté directa y cronológicamente afectado, ni tampoco porque crea que aquello de «juventud, divino tesoro» sea una exagerada falacia, sino porque pienso que la madurez personal y profesional, como cualquier otra etapa vital, también conlleva sus propios y exclusivos «tesoros».

Es obvio que hacerse mayor, hacerse sénior a golpe de cumpleaños, tiene sus innegables *contras* (pierdes cierta agilidad motriz, te aparecen surcos en la frente, se te cae el pelo, tu currículum pierde atractivo y tiende a pasar desapercibido para algunos reclutadores con poco *expertise*...), pero los *pros* de los que peinamos canas con orgullo también son muchos y nada desdeñables.

Por citar unos cuantos: 1) ganas en sosiego lo que pierdes en arrebatos de testosterona, 2) analizas las cosas desde una perspectiva mucho más amplia y 3) tomas decisiones con mucho más conocimiento de causa, o por lo menos con más probabilidades de acierto. Y la más importante y optimista: con el tiempo, has acumulado una experiencia real en tu campo, un valiosísimo *know-how* del que otros muchos se podrían beneficiar. Eres un mentor potencial con todas las de la ley. Te lo has ganado a pulso y a golpe de calendario. Otra cosa es que las empresas quieran o sepan valorar este «plus cronológico» que no solo aporta diversidad a los equipos, sino también madurez emocional. Esta voluntad —o falta de ella— de los responsables de marcar las directrices es harina de otro costal.

Cara de póker

«Nadie es responsable de la cara que tiene,
pero sí de la que pone».

Anónimo

La cara de póker, institucionalizada por los tahúres o juga-dores profesionales, y que define la cara inescrutable, la que no da ninguna pista acerca de las emociones que uno está sintiendo, es una de las caras más famosas del mundo. Y lo más curioso es que es la única cara con nombre de juego. Las que le siguen en notoriedad la tienen de animal, «cara de perro», o de condimento para el aliño, «cara de vinagre».

Ya sé que es mucho pedir, pero poner determinadas caras en público debería estar prohibido por decreto. Perjudican seriamente la salud emocional pública y privada. Y no lo digo solo por las más explícitas: la cara de perro, la cara de malas pulgas, la cara larga... que amargan con solo imagi-narlas, sino sobre todo por la que parece no expresar nada de nada, la «cara de póker».

Confieso que a mí, particularmente, no poder intuir qué tipo de emociones transitan detrás de aquel rostro con el que conversas me enerva bastante. No disponer de *feedback* facial sobre aquello que estés contando me incomoda un rato largo. Por supuesto que me hago cargo si tengo constancia de que se trata de un rasgo del temperamento de mi interlocutor, pero la detesto si sé que es algo estratégico, hecho a propósito para desconcertar.

Y aborrezco también esta impasibilidad ensayada porque interpreto que pretende trasladar un mensaje de superioridad que no procede; el «cara de póker» parece decir con su rostro que él no está sujeto a los vaivenes emocionales que padecemos el resto de los mortales. Que no se conmueve por nada. Que está por encima. Y aunque es verdad que observar un rostro de estas características, inalterable, aunque llueva, truene, se hunda la bolsa o caigan boniatos, impresiona lo suyo, no es menos cierto que «sabes» que se trata de una actitud impostada. Un teatrillo, vamos.

Pero el riesgo del que pretende impresionar a los demás con esta máscara de impasibilidad a prueba de sustos es que poco a poco se le «botuliza» el semblante hasta extremos imprevisibles. Quiero decir que, al final, uno ya no puede dejar de poner esa cara inexpresiva, aunque quiera. Es lo que llamamos el efecto «cara de póker permanente», un rostro hierático que se mantiene así hasta debajo de la ducha. O aunque te hagan cosquillas en los pies. Y no sé si será por aquello de la influencia recíproca cuerpo-mente, el famoso bucle de retroalimentación, pero la verdad es que es fácil detectar paralelismos significativos entre la impasibilidad voluntaria del rostro y la falta acusada de empatía. Aunque lo mismo solo son coincidencias.

Lo que sí es cierto es que una de las quejas más habituales de los colaboradores en relación con sus jefaturas de más rango tiene que ver precisamente con la frialdad del trato, con su falta de accesibilidad, de cercanía. Y la «cara de póker», acercar, lo que se dice acercar, va a ser que contribuye poco. Más bien asusta.

¡Eres un *crack*!

«No hay nada tan común como el deseo de ser elogiado».

WILLIAM SHAKESPEARE

Somos «seres hambrientos de caricias». Ya lo decía Eric Berne, un célebre psicólogo canadiense. Parece una tontería, pero de este insaciable apetito de reconocimiento no se libra ni el apuntador. Anhelamos y añoramos esos piropos digitales que nos mandan por *email*, por WhatsApp, o hasta en forma de emoticones. Y si son en persona, ni te cuento; se nos cae la baba a borbotones mientras nos esforzamos en fingir que a nosotros no nos afectan esas cosas. Que estamos por encima. O que no nos los merecemos. ¡Falsa modestia!

La verdad es que la mayoría de los mortales necesitamos apuntalar de tanto en tanto nuestro autoconcepto, y es que, además de nuestra íntima y necesaria convicción del valor propio, siempre agradecemos que haya voces que nos lo confirmen desde afuera: «¡Eres un *crack*!», «¡felicidades por tu trabajo!», «¡enhorabuena por tu presentación!»... Son algunos de los piropos —merecidos, que no gratuitos— que nos gusta escuchar de vez en cuando de boca de nuestros colegas.

Y si el halago proviene de un jefe más bien parco, entonces ya ni te cuento; hasta lo señalamos en el calendario: «Hoy el jefe me ha felicitado». En amarillo fosforito.

Pero si el reconocimiento se convierte en un bien tan escaso que merece un recordatorio en el calendario, quiere decir que, aun sabiendo de su importancia, determinados mandos siguen empeñados en administrar los elogios en dosis homeopáticas, en cuentagotas, quizás por aquello del «que no se vayan a acostumbrar» o por el miedo a que luego sean utilizados en su contra, como un bumerán, para pedir un aumento salarial inoportuno.

Y frente a esta austeridad (o racanería) afectiva de algunos, me reafirmo en la creencia de que todos, también tú, nos merecemos una felicitación de tanto en tanto, aunque solo sea porque hemos dado un paso hacia adelante cuando todo apuntaba a que nos quedaríamos quietos o lo daríamos hacia atrás. Y esto ya merece un aplauso.

Comerse un marrón

«No hay nadie menos afortunado que el
hombre a quien la adversidad olvida, pues
no tiene oportunidad de ponerse a prueba».

SÉNECA

Parece que todo el mundo tiene que comerse algún marrón
—situación especialmente fastidiosa e ingrata— en algún
momento de su vida laboral. Va implícito en la nómina.
Pero una cosa es tener que tragar un marrón de manera ocasional, esporádica, casi por accidente, y otra muy distinta
que te ceben a diario con indigestos «marrones» ajenos,
como si fueras un animal de engorde. Son estos últimos los
que motivan estas líneas.

Aunque sospecho que algunos son un poco como imanes
atrae marrones, la verdad es que la mayoría de las personas
no tienen oportunidad de escoger cuándo tendrán que comerse un marrón; les toca, simplemente. Como la lotería.
Hay una tarea complicada por resolver, va y se la endosan...;
se marcha un colega y le traspasan al infortunado todo el
paquetito de asuntos pendientes...; hay un producto que no
sale ni regalándolo, y se lo adjudican al recién incorporado

—por aquello de la savia nueva— como objetivo de ventas del mes... Y nadie protesta.

¿Falta de asertividad?, ¿temor a represalias? Puede ser. Hay gente en situación de precariedad que está dispuesta, no ya a comer, sino a engullir los marrones de dos en dos y sin rechistar. Todo con tal de no perder el trabajo.

El miedo tiene esas cosas. Por otra parte, es de cajón que los individuos sumisos, los que dicen «sí a todo», tienen más números a la hora de recibir encargos de tareas tediosas que otros más proactivos han hábilmente rechazado. Un capítulo aparte lo formarían los masocas, aquellos individuos que disfrutan haciendo tareas desagradables, aunque no les correspondan; contra gustos no hay disputas.

¿Cómo evitar ser objeto de estos abusos? Si se trata de un «mal» compañero que simplemente quiere librarse de una tarea farragosa, es recomendable mostrarse asertivo, no ceder a la primera petición, ignorar amenazas veladas y explicar claramente cuáles son tus responsabilidades, y qué cosas están fuera de tu ámbito de actuación.

Y si es tu jefe el que quiere «regalarte» el marrón, aunque lo tienes más peliagudo —seamos realistas—, hay que transmitirle, firme pero educadamente, el estado de tu carga de trabajo, tus prioridades y, sobre todo, las consecuencias negativas que tendría sobre los resultados tener que asumir este nuevo encargo en detrimento de las demás tareas asignadas. En última instancia, si la cosa se pone difícil, siempre nos queda negociar contrapartidas. ¡Nunca ceder a cambio de nada!

«No tengo tiempo para ser educado»

> «Hay tres cosas importantes en la vida: la primera, ser amable; la segunda, serlo siempre, y la tercera, nunca dejar de serlo».
>
> HENRY JAMES

Cuando, en el trabajo, oigas a alguien pronunciar esta frase como justificación de una flagrante falta de respeto, ponte en guardia de inmediato. Tienes delante tuyo a un personaje con escasos escrúpulos y menos vergüenza, que te está diciendo en la cara —eso sí, con total sinceridad— que tú y los demás le importan un rábano, o un pito, si lo prefieres. Para él, los demás colaboradores, pares o subordinados, son un asunto menor, un mal necesario para sacar adelante la tarea.

Jefes, directivos, mandos que creen firmemente que en el trabajo no hay lugar para miramientos ni buenas maneras, que la educación está reñida con la productividad, que lo cortés *sí* quita lo valiente, y que mostrarse considerado con los subordinados resta autoridad y es poco menos que un suicidio profesional.

Además, para que ninguno de los sufridores de su alrededor tenga la más mínima duda acerca de la profundidad de sus convicciones, no tienen reparo alguno en exhibir su ausencia absoluta de «habilidades de relación»: no te miran cuando hablan, no sonríen jamás, no saludan ni devuelven los saludos, ni tampoco las llamadas ni los *emails*, tienen una insana propensión a utilizar un lenguaje despectivo u ofensivo —según el día— para referirse a otros colaboradores; interrumpen y se entrometen en conversaciones privadas con una facilidad pasmosa y, como no podía ser de otro modo, acostumbran a abusar del cargo. Y encima, después de dedicar tantas horas a amargar la vida de los demás, dicen que no tienen tiempo para ser educados. El colmo.

¿Asertivo o agresivo?

> «Cuanto más te conoces a ti mismo, más paciencia tienes para lo que ves en los demás».
>
> ERIK ERIKSON

La frontera conceptual está clara y no hay lugar a equívocos: ser asertivo es defender con firmeza los derechos propios sin menoscabar los del otro, y ser agresivo es otra cosa, generalmente asociada con infligir daño al otro vulnerando su integridad. Se parecen como un huevo a una castaña.

Pero lo que es tan evidente a nivel teórico no lo es tanto a nivel de la práctica diaria. Aquí los límites son más difusos y es fácil que se produzcan malentendidos.

Por ejemplo, uno puede asegurar que está actuando con una asertividad controlada y ser percibido por los demás como un interlocutor beligerante y avasallador. Básicamente, esto puede deberse a: 1) que el receptor sea hipersensible y tenga la «piel muy fina» (fuera de nuestro control) o 2) que nuestro lenguaje no verbal haya contaminado el mensaje (circunstancia que sí está en nuestras manos).

Me explico: un volumen de voz excesivamente alto nos convierte automáticamente y a los ojos de los demás en personas agresivas. Lo mismo si utilizamos una entonación inadecuada, o si tratamos de defender nuestros derechos poniendo cara de «asesino en serie». Y ni te cuento si encima le señalamos con el dedo índice acusador. Nos tacharán de agresivos y, además, de maleducados. Y no les faltarán razones.

Un ejercicio de introspección, acompañado del *feedback* sincero de alguien que nos conozca (y nos quiera) lo suficiente, nos dará las pistas necesarias para tomar conciencia y trabajar nuestro estilo de comunicación, nuestro lenguaje no verbal, controlando nuestra entonación, nuestros microgestos, y evitar así que nuestro cuerpo envíe señales equívocas a nuestro interlocutor. Tenemos que despejar esas dudas lo antes posible si no queremos que nos pongan etiquetas que no merecemos.

Predicar con el ejemplo

«Los hijos aprenden poco de las palabras;
solo sirven tus actos y la coherencia de estos
con las palabras».

JOAN MANUEL SERRAT

No hay nada más desmotivador que un jefe incoherente; de aquellos que te dicen que hagas A y él hace B. La gente quiere y espera ser dirigida por personas consecuentes, que prediquen con el ejemplo. Si hay que reducir gastos, que se muestren austeros; si exigen puntualidad, que sean los primeros en llegar; si se pone en valor la honestidad, que ellos también sean honestos hasta sus últimas consecuencias; si se predican políticas de igualdad, que no practiquen ninguna forma de discriminación... y si promueven un ambiente de cordialidad y respeto mutuo, que actúen en consecuencia y den al menos los buenos días.

El comentario viene a cuento por una insólita experiencia que viví recientemente en una formación para mandos intermedios a la que asistí como observador. El tema era «Cómo dar y recibir *feedback*» y, para mi estupefacción, el directivo que evaluaba la idoneidad de los *role-plays* que practicaron sus colaboradores no soltó ni un solo reconocimiento positivo durante toda la puesta en escena.

Ni uno solo. Y doy fe de que en todos los casos había, al menos, un motivo suficiente para hacerlo. Solo salieron a relucir los aspectos más criticables. Y encima se los restregó por la cara delante de toda la audiencia. ¿Sesgo involuntario o negativismo patológico? Tengo mis dudas, pero, en cualquier caso, lo seguro es que los mandos intermedios allí presentes, además de frustrados, perdieron una oportunidad de oro para aprender a hacer buen uso del *feedback*, esta potente herramienta de desarrollo.

Pero no es un incidente aislado; cada día, en todo el mundo, miles de directivos desmotivan a sus colaboradores dando ejemplos de conducta que chocan frontalmente con lo que predican. Los mismos que luego se llevan las manos a la cabeza y entran en cólera cuando sorprenden a sus colaboradores saltándose un procedimiento. Pero ¿qué esperaban? Definitivamente, lo de «haz lo que te digo, pero no lo que hago» es el mensaje más nocivo, más pernicioso, que un directivo puede enviar a su gente. Pero se sigue mandando. Incluso sin quererlo.

Personas y roles

> «No confundas los roles;
> eres pareja y no terapeuta».
>
> WALTER RISO

Cada cosa a su tiempo y un tiempo para cada cosa. Nos valen las dos. Y es que aquello de «llevarse el trabajo a casa» es una aberración, pero si encima nos llevamos el rol a cuestas, como la casa los caracoles, ya ni te cuento...

Sin embargo, los hay tan identificados con su papel profesional (mánager, consultor, profesor, catedrático, médico...) que no pueden desprenderse de él ni cuando duermen. Hay directivos, sobre todo, que tienen tan interiorizado su papel, tan adherido a su persona, que es como su segunda piel y se les hace realmente difícil adoptar los diferentes roles que la vida cotidiana les exige en cada momento: pareja, padre, madre, amigo, cliente, etc.

La solución pasa por aprender a desconectar y desprenderse del «disfraz» profesional, una vez finalizada la jornada de trabajo. Es una premisa básica del concepto de trabajo saludable y de la conciliación laboral: saber separar los roles profesionales de los que no lo son. Y si esto no ocurre, es cuando te podrías ver retratado yendo al restaurante con la familia y pidiendo el menú con el mismo tono de exigencia con el que quizá te diriges a tus subordinados en el trabajo.

Lo dicho, el rol profesional hay que dejarlo en la oficina, y si eres autónomo o trabajas desde casa, terminar la jornada y encerrarlo bajo llave en el cajón. Y hasta nueva orden.

Tu familia no quiere pasar la velada con un prometedor hombre de negocios, tus hijos no te quieren ver pegado al móvil hablando de *business intelligence*, ni a tus amigos les apetece tomarse unas cañas con un aburrido consultor que solo sabe hablar de planificación estratégica y dirección por objetivos.

Te quieren a ti, entregado y comprometido, ejerciendo al 100 % de pareja, de padre/madre, de amigo o de lo que toque. Tan implicado como cuando trabajas. ¡Como mínimo!

Si pagas con cacahuetes, tendrás monos

«If you pay peanuts you get monkeys». No hay vuelta de hoja. Tanto das, tanto recibes. Y si esa verdad de Perogrullo no entra en las cabezas de quienes diseñan las políticas retributivas de una organización, vamos todos apañados: los que cobran y los que pagan. Los que cobran porque van a pasarse el día apuntándose a ofertas de trabajo más atractivas, y los que pagan porque se pasarán el día poniendo anuncios o buscando candidatos para reemplazar las más que previsibles bajas.

Lo barato sale caro. Definitivamente. Alta rotación, ínfima satisfacción laboral, pésimo servicio, clientes insatisfechos, y el ingenuo empresario todavía preguntándose qué habrá hecho para merecer tal calvario, con la de encajes de bolillos que ha tenido que hacer para montar el chiringuito.

No voy a ser yo quien ponga en duda esa buena voluntad, pero da la impresión de que a los responsables de establecer la política retributiva se les ha escapado un matiz que no es precisamente irrelevante: el personal, viciosos que son, además de querer recibir un trato exquisito —faltaría más—, quiere ganar su dinerito para pagar sus cositas: luz, agua, comida, hipoteca... y darse de tanto en tanto un capricho y poder ir al cine con la familia. O tomar una caña con los amiguetes. Poner la estrategia salarial en la cola del plan de negocio, como un mal necesario, lleva a lo que lleva.

Y es que no te puedes llevar las manos a la cabeza y pensar que estás siendo víctima de una conspiración de la competencia si has estado días y días examinando con lupa los costes de las materias primas, los plazos con los proveedores, los gastos en energía y transporte, etc., etc., y luego has pasado de largo y de puntillas respecto a las retribuciones y los incentivos, recurriendo al comodín del «según convenio». Muy fácil, muy legal, pero la experiencia dice que no siempre es lo más conveniente: conlleva un elevado riesgo de fuga. Y no precisamente de agua.

Convéncete: tener colaboradores valiosos, comprometidos y que quieran crecer contigo tiene un precio, aunque ten la seguridad de que se amortiza pronto. De lo contrario, si prefieres invertir en mobiliario y racanear en salarios, construirás una plantilla de monos. De los que se pasan el día calentando la silla y comiendo cacahuetes.

No te canses de dar las gracias

«El agradecimiento es la memoria del corazón».

LAO-TSE

Por cualquier cosa que los demás hagan por ti. Aunque solo sea un gesto aparentemente menor, un detalle objetivamente casi imperceptible, mínimo, diminuto. Harás sentir bien a tu bienhechor y tú te sentirás incluso mejor. Un *win-win* como una catedral. Y, lo más importante, tú crecerás como persona.

Algunos tacaños creen que hay que ser muy selectivo a la hora de agradecer. Incluso pretenden demostrarte con datos que los agradecimientos vía *email*, WhatsApp, etc. son un derroche de tiempo y de energía. Y es posible que, contemplado desde esta perspectiva, sea realmente así, pero tengo la sensación de que el coste afectivo de quedarte sentado esperando una expresión de gratitud que no llega nunca es infinitamente superior.

Y eso, a mi modesto entender, no es dependencia emocional, ni necesidad patológica de mimos, sino puro sentido de la reciprocidad. A este respecto, el quejoso y sentido «el muy maleducado... no me ha dado ni las gracias...», pronunciado con un indisimulado tono de reproche, habla por sí solo.

Otros, para justificar su racanería relacional, argumentan que ser espléndidos en muestras de gratitud es perder fuerza y autoridad y que además te hace aparecer a los ojos de los demás como un blandengue ansioso de aceptación. No comparto esta tesis en absoluto. Los mejores directivos con los que he tenido la suerte de trabajar comparten un rasgo común: aprovechan cualquier ocasión para agradecer las aportaciones de sus colaboradores, por insignificantes que puedan parecer.

Los hay también «normativistas», que se excusan diciendo que no tienen que dar las gracias por algo que forma parte de las obligaciones de alguien. Otra falacia. Independientemente de que nos retribuyan por lo que hacemos, si somos un poco empáticos, solo un pelín, reconoceremos que, en mayor o menor medida, todos aspiramos a que se nos valore nuestra contribución de una forma más humanizada, además de la impersonal nómina de final de mes. Salario emocional, lo llaman los expertos.

Y aunque haya formas de agradecimiento y reconocimiento más elaboradas y meritorias (los obsequios, las cartas de agradecimiento, etc.), dar simplemente las gracias es la fórmula universal por excelencia para mostrar gratitud hacia quien se ha tomado la molestia de hacer algo por ti. Aunque sea acercarte el salero.

Y, por último, para los ingratos detractores que protestan y arguyen que estas gracias «automáticas» ya no tienen ningún valor por la sobreutilización que se ha hecho de ellas, les dedico esta sentencia que escribió un sabio autor francés hace más de trescientos años y que viene que ni pintada para este texto que llega a su fin: «Solo un exceso es recomendable en el mundo: el exceso de gratitud», Jean de La Bruyère.

¿Cuántas veces te lo tengo que repetir?

«No desprecies a nadie; un átomo hace sombra».

PITÁGORAS

Si en el ámbito doméstico es una de las frases que se hacen más odiosas, que más rencores suscitan, en el terreno de la empresa ni te cuento. Y es que llamar *inepto* o *inútil* a un colaborador —ese y no otro es el mensaje relacional subyacente de la frase en cuestión— no suele tener muy buena acogida.

A nadie le gusta (si exceptuamos a los masoquistas) que le tachen de corto de entendimiento, aunque sea con una formulación indirecta, por lo que la frase de marras no consigue otro resultado que la parálisis, la frustración y la desmotivación absoluta del receptor tildado de memo. Y, de propina, un más que comprensible ánimo de revancha.

Cuestionar la *imagen de valor* de cualquier colaborador es un error estratégico impropio de un jefe que se precie como tal. Sin embargo, todavía hay jefes «cañeros» que gustan de echar mano a este tipo de expresiones devaluadoras: «¿Siempre te cuesta tanto entender las cosas?», «¡no puedo entender cómo es posible que te sacaras un MBA!»... sustentadas en la desafortunada y falsa idea de que el verbo hiriente logrará estimular el rendimiento o la capacidad (supuestamente mermada) de comprensión del colaborador. Le han cogido el gustillo a este tipo de expresiones humillantes hasta el punto de creer que, si no las usan en algún momento para *crecerse* a costa de su subordinado jerárquico, es que no están siendo jefes de verdad. Como los de antes. Y así les va.

Mirar por encima del hombro

«Un hombre solo tiene derecho a mirar a otro hacia abajo cuando ha de ayudarle a levantarse».

GABRIEL GARCÍA MÁRQUEZ

Mirar por encima del hombro es un gesto de aquellos que tanto gusta a los prepotentes y que al resto de los mortales nos suele sentar francamente mal. La prueba es que, por lo general, reaccionamos con un soliviantado interrogante del tipo «pero este... ¿de qué va?, ¿qué se cree?» que lo dice todo. Y es que tener que soportar una mirada arrogante de este calibre no solo fastidia... ¡duele! Y hace daño porque es la evidencia incontestable de que el altivo —y generalmente acomplejado— emisor quiere instaurar un tipo de relación desigual a costa del receptor: «Yo puedo mirarte así porque soy superior a ti».

Una potente señal de menosprecio que busca situar al receptor en un plano de inferioridad respecto al emisor. Un (mal)intencionado contacto ocular que fulmina la reciprocidad, invita al desquite y frustra cualquier posibilidad de diálogo abierto, sincero. Un tipo de mirada despectiva que aquellos que ostentan una situación de poder en las organizaciones deberían evitar a toda costa si lo que pretenden es rodearse de voluntariosos colaboradores y no de subordinados forzosos. Un gesto para olvidar cuando se quiere que las personas que trabajan con uno se sientan respetadas y valoradas, incluso cuando haya que discutir temas *poco amables*. Soy de los que creen que una de las señales más indicativas de la buena salud de la relación, tanto a nivel profesional como personal, es el hecho de poder mirarse a los ojos directamente y decirse las cosas a la cara. Respetuosamente, pero de igual a igual.

Meter la pata

«Hay muchas maneras de equivocarse y
una sola de acertar; es fácil errar el tiro, lo
difícil es dar en el blanco».

ARISTÓTELES

Meter la pata es consustancial con la naturaleza del ser humano. No somos perfectos. No obstante, errar de manera reite-
rada en el mismo asunto, como insistiendo, nos puede costar
el puesto o, como mínimo, una depreciación considerable
de nuestra reputación profesional. Por lo tanto, hay que intentar no equivocarse más de lo estrictamente necesario. Lo
justo para seguir aprendiendo sin ser tachados de incompe-
tentes. Y sin haber dejado muchos cadáveres por el camino.

De lo dicho se deduce la conveniencia de analizar con
detalle nuestra situación de partida antes de emprender
cualquier acción que pueda tener consecuencias no desea-
das para nosotros mismos, para otras personas, para la organización o para el ecosistema en su conjunto. Ya sé que
cuando tomas decisiones pueden surgir imprevistos, pero
hay que ser sensato y acotar los posibles riesgos colaterales
para terceros en la medida de lo posible.

Y tampoco hay que dar el gusto a los envidiosos profesionales, aquellos profesionales resentidos que disfrutan con el batacazo del que consideran más rival que compañero, y que ya sabes que, por desgracia, no están en peligro de extinción. Son aquellos personajes insolidarios y celosos que se frotan las manos de puro placer cuando te ven apurado, en la cuerda floja, esperando aquel «fallo» que finalmente te hará caer y salir malparado. La envidia insana, que no la admiración, tiene estas cosas. Y si, además, el patinazo es en público y a plena luz del día, todavía estarán más contentos. Puro gozo.

En esto tan humano de equivocarse hay distintos grados: desde el resbalón ocasional que todos hemos podido sufrir en algún momento de nuestra trayectoria profesional (el que no se sienta aludido que pida hora con un especialista de manera urgente) hasta la metida de pata insistente y repetitiva, ganadora por tanto de una llamada de atención proporcional a las consecuencias del reiterado desacierto.

El primero, el fallo accidental, no es del gusto de nadie, pero es humanamente comprensible; lo segundo, perseverar en el error a sabiendas de que lo es, una muestra de irresponsabilidad supina. Sin atenuantes posibles. Lo dicho, meter la pata forma parte de nuestra condición humana, pero convertirlo en un hábito es una decisión poco recomendable. Una mala costumbre, vaya.

Buen profesional y mejor persona

«Buscando el bien de nuestros semejantes,
encontramos el nuestro».

PLATÓN

Es una frase hecha que habrás oído hasta la saciedad y en todos los tiempos verbales. Incluso en pretérito. Yo, particularmente, creo que es el mejor cumplido que se le puede hacer a uno en vida y debería ser un obligado «motivo de orgullo y satisfacción», como diría el rey emérito en aquellos más que previsibles discursos navideños. Que otros te definan como buen profesional ya supone una inyección de autoestima importante; significa que haces —o has hecho— bien tu trabajo y los demás así te lo reconocen. ¡*Chapeau*!

Pero si encima te distinguen con lo de «mejor persona», entonces ya puedes estar tirando cohetes hasta que te jubiles. Y sin necesidad de esperar a las celebraciones de fin de año. Ni a los solsticios de verano.

Buenos profesionales los puedes encontrar en todas partes, sin duda, pero no es tan frecuente que todos ellos puedan colgarse también la medalla de «mejor persona». Ya sabes de lo que estoy hablando: expertos con más competencia técnica que un ingeniero sénior de la NASA, pero que no valen un centavo como personas. Gente que te deja boquiabierto con su elocuente sabiduría, capaz de diseñar el lanzamiento de un nuevo producto o preparar un plan de negocio en un abrir y cerrar de ojos, pero absolutamente incapaces de mostrarte una sola gota de empatía cuando más necesitado estás de ella. Individuos que se hacen el remolón, el longuis, y se inventan mil excusas si de lo que se trata es de echarte una mano solidaria y desinteresada. O simplemente de regalarte unas palabras de ánimo cuando estás de bajón. Ah, amigo, entonces, ni están ni se les espera. He aquí la diferencia.

¿Nos prefieren sin cabeza?

«Todos llevamos dentro una insospechada
fuerza que emerge cuando la vida nos pone
a prueba».

Isabel Allende

Hay empresas que parece que prefieren «gallinas decapitadas» deambulando por los pasillos que cabezas pensantes que aporten valor con su trabajo. O al menos esa es la impresión que yo tengo. Algunas de las organizaciones que presumen de su carácter democrático y participativo hacen aguas cuando se trata de dar voz y voto real a sus colaboradores.

Suponer que los colaboradores ya tienen bastante con sus tareas cotidianas y prefieren no participar de decisiones de más envergadura es una preocupante señal de miopía, además de una infundada suposición que la realidad se encarga casi siempre de desmentir.

Y digo *casi siempre* porque, si bien es verdad que hay una parte de masa laboral desganada y «robotizada» que, mientras vayan cayendo las nóminas a final de mes, como mucho solo se interesa por el calendario de vacaciones (de la misma manera que todavía hay empresas que prefieren empleados zombis y no colaboradores pensantes), lo cierto es que la inmensa mayoría de trabajadores desean sentirse partícipes, copropietarios, de un proyecto que vaya más allá de lo ancho de la mesa de su despacho. Quieren sentirse escuchados y tenidos en cuenta. Quieren tener voz en aquellas decisiones que les afectan. ¿Acaso es pedir demasiado?

Ni te me acerques

«El enfado es un mecanismo de defensa;
si estás a la defensiva, es porque tienes miedo».

LOUISE HAY

Parecen decir aquellos gatos cuando, haciendo una magistral exhibición de contorsionismo felino, arquean prodigiosamente la espalda (solo de pensarlo me duelen las lumbares...) y erizan los pelos para aparentar más volumen y así amedrentar a quien invade su territorio. Y les funciona. Aunque en ocasiones la amenaza no sea tal, y todo quede en un sano ejercicio de estiramientos a lo pilates.

Extrapolando el fenómeno al terreno de las organizaciones, también aquí podemos encontrarnos individuos que emiten inconscientemente señales para que *mantengas las distancias*, o se ponen a la defensiva por el comentario más trivial y sacan las uñas, metafóricamente hablando, si intuyen —o imaginan— algún tipo de aviesa intención hacia su persona. No arquean la espalda ni se les erizan los pelos, pero saltan a las primeras de cambio como si les hubieras pisado un juanete. O metido un dedo en el ojo. Y no pueden disimular su enfado porque la tensión reflejada en su rostro les delata: entrecejo fruncido, mandíbulas tensas, aletas de la nariz dilatadas, labios apretados, etc.

Todo un creativo abanico de microgestos de los que nos ha dotado la naturaleza para ahuyentar hipotéticas amenazas, y que tienen sentido en situaciones en las que la amenaza es real, o plausible, pero se convierten en un tremendo obstáculo cuando se manifiestan en el día a día de la comunicación interpersonal en la empresa. Y sucede. La actitud de recelo, de desconfianza, se convierte en una auténtica muralla para mucha gente, que no se atreve a plantear sus inquietudes delante de sus colegas o sus superiores inmediatos para no tener que pasar por el trance de tener que escuchar determinadas y desagradables respuestas automáticas en tono defensivo («¡no me vengas con esas ahora!», «¿por qué me quieres hacer perder el tiempo con estas tonterías?»), ni aguantar gratuitos gestos de rechazo equivalentes al vistoso erizamiento gatuno.

Bajar la guardia es, pues, un requisito de obligado cumplimiento cuando uno tiene gente bajo su responsabilidad. Si eres mando y pretendes crear un clima de diálogo y confianza mutua, de comunicación sincera con tus colaboradores, muéstrate siempre dispuesto a escuchar a las personas con la atención que merecen. Aunque no te guste lo que vayas a oír.

Las vacas sagradas

> «De las vacas sagradas se hacen las mejores hamburguesas».
>
> ROBERT KRIEGEL

Con esta expresión hago alusión a aquellos directivos *intocables* (como las vacas en la India) que hacen y deshacen a su antojo (estropeando más que arreglando las cosas, en ocasiones) sin que nadie ose ni toserles. Al contrario, las decisiones —acertadas o no— de estos venerados mandos con peso histórico y un poder de influencia relevante, suelen ser acatadas sin rechistar.

El punto débil de las «vacas sagradas» es que, con el tiempo, todo el mundo sabe de qué pie calzan, lo que les gusta y lo que aborrecen, por lo que es relativamente fácil tenerlos contentos. Lo peor es que si protestas y discutes cualquier decisión suya, por insensata que parezca, puede pasarte lo que a las ovejas: salir trasquilado.

Las «vacas sagradas» acaparan el poder suficiente, real o simbólico, para neutralizar cualquier intento de contestación y, como se creen en posesión de la verdad absoluta, es muy complicado hacerles reflexionar sobre la existencia de otros puntos de vista sobre cualquier asunto. Por eso suelen reaccionar con agresividad frente a la crítica, aunque sea constructiva, y rehúsan dar explicaciones sobre lo que para ellos está meridianamente claro y no admite más discusión.

Te las puedes encontrar en organizaciones de todo tipo: desde grandes corporaciones a pequeñas empresas y también en organizaciones cívicas, políticas o sociales, deambulando por los pasillos o apoltronados en los mullidos sillones de sus despachos, rumiando nuevas artimañas para mantener su *statu quo*.

Por eso, sea cual sea el tipo de organización, la constante en todas ellas es que, allí donde asientan sus reales, es difícil que aparezcan disensiones ni disidentes. Para las «vacas sagradas», celosas de su poder, las cesiones son rendiciones encubiertas, por lo que solo accederán a negociar con los que cuestionan su proceder cuando agoten todo el pasto o consideren que no les queda otra salida. Y si no, al tiempo.

¿Voy por buen camino?

«El *feedback* es el desayuno de los campeones».

Ken Blanchard

Para poder mejorar en nuestro trabajo o, al menos, tratar de cambiar el sentido de nuestros esfuerzos, las personas necesitamos saber si estamos yendo en la dirección adecuada. Nos tienen que dar *feedback*. Este «retrovisor» metafórico nos permitirá confirmar a tiempo si vamos por buen camino o hemos equivocado el rumbo y vamos directos al acantilado. Nos gustará más o nos gustará menos —de entrada, a todos nos escuecen las críticas, por bienintencionadas que sean—, pero necesitamos saberlo; ignorar esta información puede ser suicida.

Otra cosa es el cómo nos los dicen (el nivel de empatía mostrado), para que no nos sintamos personalmente atacados. Pero, aunque sea doloroso como la cesárea, hay que sacarlo a la luz. Sí o sí. Por nuestro bien y el de la propia organización en su conjunto.

Entre los que tienen la enorme responsabilidad de dar *feedback*, los hay que prefieren meter directamente el dedo en la llaga y soltarlo tal cual, sin atenuantes de ningún tipo, mientras otros prefieren utilizar un lenguaje más indirecto para mitigar el posible impacto negativo del mensaje. En otras palabras, son más comedidos.

Desde un punto de vista ético, ambos *feedbacks* son igualmente valiosos siempre y cuando el propósito del emisor sea el de contribuir a la mejora del receptor, y exprese su total e inequívoca confianza en la capacidad de cambio y evolución del receptor. El *feedback* de mejora nunca debe asociarse a una experiencia de sufrimiento. No sería ético, ni tampoco útil.

Otra cosa es si el emisor ignora voluntariamente la condición de persona del otro y utiliza un discurso abrupto o un vocabulario descalificativo. Entonces no estamos hablando de retroalimentación, sino de una conversación directamente prescindible. De aquellas que difícilmente consiguen otra cosa que no sea poner en evidencia la falta de luces del hablante y poner de mal humor al pobre que tenga que aguantarlo.

Sí, jefe

«La obediencia voluntaria siempre es mejor que la forzada».

JENOFONTE

Si eres mando y observas que tus colaboradores solo utilizan respuestas mínimas del tipo «vale», «ok», «de acuerdo», etc., cuando conversan contigo, tienes razones suficientes para empezar a preocuparte: o están afónicos o algo no funciona del todo bien en la comunicación que mantenéis.

Eso no quiere decir que este tipo de respuestas obedezcan necesariamente a un patrón de sometimiento, no. En absoluto. Cuando se están impartiendo directrices, por ejemplo, las respuestas mínimas tienen todo su sentido. Sirven para confirmar al emisor que la instrucción se ha escuchado y, sobre todo, comprendido. Pero fuera de este contexto, la proliferación de respuestas mínimas puede ser un síntoma de que algo funciona mal. En el trabajo, exceptuando en el ejército o los cuerpos de seguridad del Estado, no toda la comunicación debe ser unidireccional: órdenes, mandatos o instrucciones.

Recuerda que la dominancia despierta conductas de sumisión, y la sumisión tiene vocación monosilábica: «Ya», «sí...».

Sin embargo, además de seguir tus indicaciones, tus colaboradores también quieren participar en todo aquello que tenga que ver con su propio trabajo. Y eso requiere por tu parte voluntad, coraje y disposición para fomentar una comunicación abierta de tipo bidireccional que propicie conversaciones más productivas para ambas partes.

Tu capacidad empática y tu habilidad para la escucha activa te ayudarán a mantener este tipo de interacciones más distendidas y menos robotizadas. Por contra, si no has querido dedicar tiempo y esfuerzos en desarrollar estas competencias y estás satisfecho con tu incompetencia relacional, tienes todos los números para que las conversaciones con tus colaboradores sigan siendo tediosamente monosilábicas. O, a lo sumo, trisílabas: «Sí, jefe».

Cretino... ¿se nace o se hace?

> «La estupidez es una enfermedad extraordinaria; no es el enfermo el que sufre por ella, sino los demás».
>
> VOLTAIRE

Admitámoslo: algunos pobres infelices lo llevan incorporado en los genes y tienen poco margen de maniobra, pero la gran mayoría de estos desagradables especímenes que parece que disfrutan amargando la vida a los demás, lo son por aprendizaje, no por cromosomas. En otras palabras, son individuos que no han aprendido a medir las consecuencias de sus actos sobre los demás. Actúan como les viene en gana. Y cuando les apetece.

Y esto explicaría que, si además ocupan posiciones de mando, no expresen ningún tipo de miramiento o consideración cuando tratan con sus colaboradores. Lo de la empatía les suena a chino.

En este sentido, es una paradoja perversa, un chiste de mal gusto, que por un lado se reclamen entornos de trabajo más «humanos», ergonómicos y respetuosos con las necesidades fisiológicas de las personas, mientras algunos desequilibrados con galones campan a sus anchas y se muestran tan claramente irrespetuosos con la salud emocional de sus colaboradores.

Hasta hace relativamente poco, perder las formas quedaba reservado para los desquiciados o para situaciones realmente extremas en las que era verdaderamente difícil contener la tensión acumulada. Hoy, con el umbral de tolerancia por los suelos y el concepto de autocontrol en entredicho, basta a veces con un pequeño roce, una pequeña discrepancia, para que los cretinos, los inmaduros emocionales, se muestren como tales sin disimulos de ningún tipo. Con la cabeza bien alta y orgullosos de su estupidez.

Y si a los malos conductores les quitan puntos por saltarse las reglas, algo parecido debería ocurrir con aquellos que circulan por la vida atropellando flagrante e impunemente la dignidad de otros. Permiso de circulación denegado: estás despedido.

Personas «a tiempo parcial»

«Eres una persona o eres un pez; no puedes ser ambas cosas a la vez».

Anónimo

Y no me refiero a las que trabajan en esta modalidad laboral, que ahora mismo son legión, sino a los individuos que ejercen como «personas» de un modo discontinuo, estacional, como los pimientos de Padrón que, como sabes, «*uns pican e outros non*». Según les conviene.

Las personas «a tiempo parcial» no llevan ninguna etiqueta colgada en la solapa que permita identificarlas, ni tampoco ningún contrato en el bolsillo que dé fe de su carácter temporal, intermitente, pero se les ve el plumero cuando se enfrentan a situaciones en las que tienen que poner en evidencia la solidez, la atemporalidad, de los valores que les mueven. Es entonces cuando súbita y descarnadamente, como si de una bofetada se tratara, aparecen las contradicciones y se descubre el pastel: las personas «a tiempo parcial» quedan en evidencia porque no actúan siempre en coherencia con los valores —la honestidad, el respeto, la generosidad, la tolerancia y la solidaridad— que inspiran al ser humano y comúnmente asociamos a lo que significa ser persona, y es por eso por lo que no tienen ningún reparo ni problema de conciencia si, en un momento determinado, para conseguir sus propios objetivos, tienen que saltárselos a la torera. Allí dejan patente la fragilidad de sus principios y la inmensidad de su ego.

Lo vemos en el empresario que no trata con dignidad a sus empleados argumentando problemas de rentabilidad, en el directivo que lesiona intencionadamente la autoestima de sus colaboradores, en el empleado que carga desplazamientos inexistentes en la cuenta de gastos, en el sinvergüenza insolidario que saquea las arcas públicas sin pensar que es dinero de los contribuyentes, etc. En otras palabras, en todos aquellos aquejados de precariedad moral que optan por ser honestos a ratos, respetuosos cuando quieren y solidarios cuando les da la gana.

Candidatos poco serios

«Lamentablemente, la falta de seriedad ya
no es patrimonio de nadie».

Anónimo

Además de candidatos con una profesionalidad que salta a
la vista y que mantienen durante todo el proceso de selección —sea cual sea el desenlace—, el mercado laboral está
infelizmente contaminado por candidatos poco serios que
empañan la figura del demandante de empleo. Hay tres ca-
tegorías de falta de seriedad que se repiten insistentemente
una y otra vez a lo largo del tiempo.

La primera es la de los *inscritos*, candidatos que se apuntan
compulsivamente a un montón de ofertas, que se manejan
bien en las redes sociales y en los portales de empleo, que pasan
airosos la primera criba curricular, pero que se desentienden de
la oferta con la misma velocidad que se han inscrito y ya no
responden cuando se les pretende citar para una primera entrevista personal. Te han hecho la pirula, y tú, sin enterarte.

Después hay una segunda categoría, menos numerosa
aunque no por ello menos irritante para los seleccionadores,
que es la que incluye a todos los que podríamos etiquetar

como los *desaparecidos en combate*, candidatos que ya han pasado airosos la primera entrevista, que te han hecho mil preguntas sobre el puesto y que te han asegurado estar interesados en la vacante, pero que, sin ninguna razón que lo hiciera presagiar, ya tienen el teléfono desconectado cuando se les quiere convocar para una segunda entrevista, ya sea telefónica o por videoconferencia. Y tampoco dan más señales de vida. Mutis por el foro.

Por último, como paradigma total de la falta de seriedad, está el creciente grupo de los *impresentables*, sin paliativos ni matices, candidatos ya seleccionados, que han negociado y mostrado finalmente su acuerdo con todas y cada una de las condiciones de la vacante, pero que en el último instante, y después de haber agotado todas las excusas imaginables («me han robado el móvil», «me he roto la pierna esquiando», «a mi padre le ha dado un infarto», etc.), para demorar su incorporación, les entra un no sé qué indescriptible, entre pánico, acoquine y desvergüenza, que los lleva a dar marcha atrás y dar plantón al seleccionador y a la empresa contratante y desaparecen del mapa para siempre. Se esfuman, como por arte de magia.

Impresentables, pues, por partida doble: uno, por no tener la valentía suficiente para dar la mínima explicación que merece quien ha dedicado parte de sus esfuerzos a validar su candidatura frente al potencial contratante y, sobre todo, por la falta de respeto que supone haber ocupado inútilmente un tiempo que podría haberse dedicado a otro candidato más presentable y agradecido. Vivir para ver.

¿Existe una «envidia sana»?

> «La hierba siempre es más verde
> en el otro lado».
>
> Refrán anglosajón

Sí la hay, aunque no nos engañemos: si se compara con la insana, pierde por goleada. Esta última campa a sus anchas a lo largo y ancho de nuestro planeta porque encuentra el terreno abonado para ello. Para entendernos, la envidia es un sentimiento natural, pero lo que no es tan normal es que esté tan omnipresente en nuestras vidas.

Y es por eso por lo que conviene matizar: existe una envidia insana crónica, corrosiva, ulcerosa, tóxica, propia de personajillos frustrados y rencorosos, y otra envidia transitoria en la que todos podemos caer en alguna ocasión.

La «envidia sana», esa frase hecha tan incrustada en el lenguaje coloquial, se refiere en última instancia a otra cosa muy distinta, a un sentimiento de admiración —término más adecuado— que nos incentiva a emular los logros o las virtudes de otros; a diferencia de la envidia «insalubre», esa admiración por los méritos de otro está cimentada en valores intensamente relacionados con la humildad, la generosidad y la aceptación de uno mismo, por lo que únicamente puede darse en corazones nobles y autoestimas consolidadas. Y de eso no vamos precisamente sobrados.

Ciertamente, hay poca gente dispuesta a reconocer, valorar y alegrarse del éxito de los demás sin establecer comparaciones que los lleven a la frustración, pero ese mal de muchos es consuelo de tontos. Ya lo dice el refrán.

Y es que ser envidioso *malsano*, es decir, querer que el otro no tenga éxito, o querer apropiarse de los logros, las posesiones, la suerte, la salud, la inteligencia... de nuestro prójimo más afortunado es un estropicio emocional por partida doble; primero porque, ahora mismo, es poco realista pensar en trasplantarte las capacidades y los méritos de un tercero como aquel que se hace un injerto capilar, y segundo, y lo más grave a mi juicio, porque desear los atributos de un tercero implica de alguna manera menospreciar y poner en cuestión nuestro propio valor y nuestras posibilidades. Y eso, lo de tirarse piedras sobre el propio tejado, no puede ser ni bueno ni sano.

Una palmadita en la espalda

«Tus gestos hablan siempre más alto y claro que tus palabras».

STEPHEN COVEY

Quien más quien menos ha tenido la oportunidad de vivirlo en sus propias carnes, o, mejor dicho, en sus propias espaldas. Me refiero a esa abrupta y característica palmada en el dorso, o en el hombro, que te da el jefe para decirte que está ahí, y que a bastantes (sobre todo varones, el porcentaje más alto de receptores de este característico toque) saca de quicio tener que soportar, pero que poco pueden hacer, excepto aguantar. Y apretar los dientes.

Nos enfrentamos a un gesto de poder —yo puedo tocarte a ti, tú no puedes tocarme a mí— muy arraigado entre los directivos de organizaciones altamente jerarquizadas.

Pero lo peor es cuando la palmadita en cuestión se da al subordinado como supuesta muestra de gratitud por algún mérito alcanzado, y viene acompañada de un «muy bien, chaval, sigue así...» o similar. Entonces, el receptor del toque enciende automáticamente todas las alarmas y, ya con la mosca tras la oreja, deduce que detrás de la palmadita hay un injusto, burdo y miserable intento de sustituir la recompensa merecida por un descafeinado y triste golpecito en el omoplato. Un recochineo, vaya.

Por eso sorprende aún más que los directivos que practican (in)conscientemente este tipo de «estafa recompensatoria» no se percatan del efecto contraproducente, devaluador, de esa clase de toque corporal. Miopía absoluta.

Algo muy distinto son aquellas palmaditas solidarias, casi caricias, que pretenden transmitir calidez, compasión, apoyo, simpatía, en esos momentos difíciles que todos, en algún momento, atravesamos. Las suelen dar los colegas y los amigos que nos aprecian de verdad, pero también la practican los jefes dotados de un poco de sensibilidad interpersonal. Faltaría más.

Pedir peras al olmo

«La verdad es que todos nosotros alcanzamos el mayor éxito y felicidad siempre que utilizamos nuestras capacidades innatas en su mayor medida».

SMILEY BLANTON

Ya sé que puede sonar como políticamente incorrecto, pero, a mi entender, el proverbio traslada una evidencia dolorosa: «Lo que la naturaleza no te da, no lo puede suplir el conocimiento», pero que no tiene contestación posible. El esfuerzo y la tenacidad son absolutamente imprescindibles para lograr las metas que uno se propone, pero no hay universidad ni máster en el mundo que pueda suplir el talento natural. El que viene de fábrica.

Otros, siguiendo la corriente motivacional de moda, prefieren alinearse con el manido y posibilista mantra del «si quieres, puedes», que sería algo así como su antítesis literaria, y que, si bien puede ser útil como acicate, como estímulo para superar barreras ficticias autoimpuestas o proporcionarnos una fuerza adicional para superar obstáculos reales, también puede convertirse en una insana fuente de frustración cuando lo que pretende es hacernos creer omnipotentes, todopoderosos y, en consecuencia, ajenos a cualquier tipo de límite. Y todos los tenemos, aunque nos fastidie.

En contraposición, la expresión que encabeza el texto nos recuerda crudamente que la naturaleza está ahí, condicionando nuestro desarrollo en las áreas en las que tenemos menos predisposición innata, y jugando a nuestro favor en aquellas áreas para las que estamos realmente dotados.

Con todo, la frase en sí, «no pedir peras al olmo», tiene que ser tomada como un llamamiento al realismo, y no como un alegato a favor del determinismo genético.

Cada uno nace con unos talentos determinados, y, a mi modesto juicio, es mucho más eficaz y satisfactorio dirigir los esfuerzos de mejora personal en la dirección de potenciar nuestras fortalezas que invertir tiempo y recursos en empeñarse en brillar en aquellas áreas para las que estamos menos dotados y que, como consecuencia, solo generan decepción y desengaños.

Y, trasladándose al terreno de las organizaciones, si tienes responsabilidad sobre la mejora de las personas, insiste, forma, desarrolla y refuerza aquello en lo que tu gente es potencialmente buena para que llegue a ser excelente y se sienta orgullosa de ello. Ya habrá tiempo para desarrollar aquellas habilidades para las que, de entrada, estamos menos dotados.

Jefes que no deberían serlo

«No soporto la mediocridad de quien tiene que humillar a otro para sentirse importante».

JORGE LUIS BORGES

Entre incrédulo y pasmado, escucho al hijo de un amigo que me cuenta la mala experiencia que ha tenido que vivir en su última entrevista de trabajo, cuando optaba a una posición de responsable de desarrollo de negocio para una empresa de nuevas tecnologías para *retail*. Después de haber salido airoso de la primera criba de RR.HH., entre cinco candidatos —me recalcaba con indisimulado orgullo—, le tocó entrevistarse con el director comercial, la persona que debería darle el visto bueno definitivo y que, a la postre, sería su jefe directo.

«Entrar en la sala de reuniones y tener de ganas de salir corriendo fue todo uno», me contaba el hombre, todavía visiblemente afectado. Y es que encontrarte de pronto frente a un tipo que ni se levanta para saludarte, que te «atiende» con una pose de superioridad y arrogancia que echa para atrás, que apenas te mira, y que cuando lo hace parece que te perdona la vida, da mucho que pensar acerca del futuro que te espera a su vera. Y puedes equivocarte, desde luego, pero... ¿vale la pena arriesgarse?

El desagradable incidente me lleva a una reflexión que creo se puede hacer extensiva a todas las personas que ostentan algún tipo de autoridad: cualquier persona en posición de mando debería pasar periódicamente una suerte de *chequeo* obligatorio que certificase que reúne las competencias sociales necesarias para mostrarse mínimamente cordial, respetuoso, empático y educado con sus colaboradores —actuales o venideros— a través de su lenguaje verbal y corporal, y que garantice que es capaz de circular por la vida sin «contaminar» ni amargar a su entorno.

Y mientras no superaran la prueba, esos jefes deberían permanecer confinados en sus despachos, aislados de sus colaboradores, ocupados en el diseño de complejas estrategias de negocio o haciendo pajaritas de papel. Da lo mismo.

Siempre estarían a tiempo de solicitar los servicios de un especialista en *outplacement* que les ayudase a buscar otra ocupación alternativa con menos exposición pública: guarda forestal, por ejemplo. Todo menos ejercer responsabilidad sobre personas. Definitivamente, no sirven.

Rabia contenida

«Sin sentimiento de respeto, no hay forma
de distinguir los hombres de las bestias».

Confucio

Aunque nos las damos de estar de vuelta de todo, en general
la gente no suele pasar por alto las faltas de respeto. No las
perdona fácilmente. Y todavía menos si el desconsiderado
ocupa una posición de poder respecto al denigrado. Más
allá de debatir la legitimidad moral de este espíritu vengati-
vo, bien harían los que con sus actuaciones propician estos
sentimientos en pensárselo dos veces antes de llegar al bar y
pedir el café con leche en tono imperativo y sin siquiera levantar la vista del periódico para mirar al camarero. O incluso aquellos que miran por encima del hombro a aquella
dependienta que les acaba de saludar y espera una respuesta.
Mejor harían.

Nos guste más o menos, en su nivel más básico, la naturaleza humana funciona así. La gente acumula resentimiento y ánimos de revancha cuando, en la esfera personal o profesional, se siente ignorada o faltada al respeto. Y este hecho,
tan evidente para la mayoría, parece que no lo es tanto para

quienes, estando en una situación de poder (jefes, clientes...) tratan con displicencia a subordinados o empleados, creyendo que aquí no pasa nada. Aquí paz y después gloria.

Y nada más alejado de la realidad. Cuestionar el sentido de valor de las personas tiene siempre «efectos secundarios», indeseables y acumulativos. Como los ansiolíticos.

Por eso mismo, en un mundo donde las relaciones asimétricas (jefes- subordinados, clientes-vendedores...) son el pan de cada día, los que llevan la batuta deberían tener siempre presente su ineludible responsabilidad a la hora de generar estados de frustración, de rabia contenida, que invariablemente se producen cuando una parte se siente menospreciada, humillada, avergonzada, por las acciones o palabras de un tercero.

Tampoco debería ser una tarea tan ardua acordarse de que el que tienes enfrente es, ni más ni menos, ¡un ser humano! Como tú.

Chantaje emocional

«¿Te quieren hacer sentir deudor?
No son jefes, son chantajistas».

ANÓNIMO

Despreciable práctica manipuladora a la que recurren algunos jefecillos poco escrupulosos, cegados por la cuenta de resultados, y que además de actuar como si tu vida entera les perteneciera, te hacen sentir mal cuando te defiendes y haces valer lícitamente tu autonomía.

De inmediato me viene a la cabeza la verídica historia de un joven profesional que trabajaba desde hacía algunos años en un exitoso gabinete de ingeniería, y cuyo jefe inmediato, no contento con tenerlo «ocupado» en interminables y agotadoras jornadas de trabajo, le exigía además estar localizable y disponible las 24 horas, festivos inclusive.

Y encima, en el colmo del cinismo, no perdía ocasión para echarle en cara, con cualquier excusa, todos los «favores» que, a su juicio, la empresa le había hecho (contratarlo, formarlo, financiarle parte de un máster, etc.) y el colaborador todavía no había «devuelto» suficientemente.

Ante esta sucesión interminable de reproches, como te puedes imaginar, el leal colaborador olvidaba temporalmente los abusos horarios a los que estaba sistemáticamente sometido, y hasta se sentía culpable por no poder «hacer más» por la empresa, con el agravante del malestar emocional que esto comporta para cualquier profesional mínimamente responsable. A mí que me perdonen, pero manipular a un colaborador que se está dejando la piel y la salud e inducir este sentimiento de culpa, sin más finalidad que la de mantener la presión productiva, es de una bajeza moral que clama al cielo. Y tiene un nombre: chantaje emocional.

Preguntas incómodas

> «Si usted no me hace preguntas comprome-
> tidas, yo no tendré que decirle mentiras plau-
> sibles».
>
> JUAN GÓMEZ-JURADO

«Preguntando se va a Roma», dice el refrán, pero si te pasas, puedes acabar en ninguna parte y encima ganándote un puesto de honor en la lista de personas *non gratas*. Por preguntones o, mejor dicho, por avasalladores. Las preguntas son la clave para obtener buenas respuestas, pero no siempre somos conscientes de que van asociadas a un riesgo insalvable: que el interlocutor se sienta coartado.

Como mamíferos territoriales que somos, nos sienta fatal que invadan nuestro espacio personal sin nuestro consentimiento —la desagradable sensación del aliento en el cogote— y, de la misma manera, también llevamos mal, pero que muy mal, que pretendan entrometerse en nuestro territorio «mental» mediante preguntas capciosas o formuladas a destiempo.

El clásico «dime, ¿a qué te dedicas y por qué has llegado a mi perfil?», recibido inmediatamente después de haber aceptado formar parte de tu red profesional (y que te está invitando a bloquearle directamente), es un buen ejemplo de lo que hablamos. No nos gustan las preguntas tipo interrogatorio de tercer grado en ninguna circunstancia. Y menos por parte de alguien poco, o nada, conocido.

Preguntar es, indiscutiblemente, una herramienta de primer orden para los profesionales (directivos, comerciales, *coaches*...) que necesitan obtener información para tomar las decisiones correctas, pero preguntar supone siempre, en mayor o menor medida, una demostración de poder *(¡aquí las preguntas las hago yo!)* y una injerencia en el terreno intencional del otro, por lo que requieren de un tacto exquisito para que el *preguntado* no vea peligrar su intimidad, su estatus ni su libertad de acción.

Y eso no siempre es fácil, porque las preguntas se mueven en ese terreno pantanoso, ambiguo, en el filo de la navaja entre el *interés respetuoso* y la *intromisión indiscreta*, y basta con un sutil cambio de tono para que acaben siendo percibidas como una solemne e intolerable impertinencia. Y, entonces, se haga el silencio.

Líderes poco respetuosos

«Finalmente, la reunión comenzó con 30 minutos de retraso. Durante la misma, varios de los directivos que participaban se ausentaron en diferentes momentos con la excusa de que tenían que atender llamadas telefónicas que no podían retrasar. De entre ellos, algunos regresaron y participaron activamente, mientras que otros no volvieron jamás».

¿Te resulta familiar este escenario? Me imagino que sí. El entorno laboral se presta mucho a este tipo de escenas que tienen que ver con la falta de consideración (por las personas, por sus opiniones, por sus sentimientos, por su trabajo, por su tiempo, etc.) y que ponen muy en entredicho la profesionalidad de algunos directivos. Y las reuniones no tienen la exclusiva. De hecho, las actuaciones desconsideradas o irrespetuosas (ignorar, no escuchar, hacer esperar, levantar la voz, interrumpir...) pueden darse en cualquier contexto y en cualquier lugar donde interactúen líderes y colaboradores, física o virtualmente.

Podemos estar hasta mayo del año que viene debatiendo y especulando sobre cuál es el mejor estilo de liderazgo para una determinada organización en un determinado momento, pero pronto llegaremos a un acuerdo sobre lo que entendemos por respetar. Parece que hay como un consenso «innato», intuitivo, no escrito, sobre lo que significa y, sobre todo, respecto a lo que comporta su ausencia. El respeto es vital en cualquier contexto de interacción humana, y especialmente cuando se dan situaciones de *asimetría de poder*, como suele ser el caso de las relaciones en la empresa.

Es en esos momentos cuando el concepto adquiere toda su magnitud y su razón de ser. Respetar implica tener en cuenta al Otro con mayúsculas, y demostrarlo en cada una de nuestras actuaciones. Y con base en ello, es bastante razonable argumentar que las «buenas prácticas» en materia de competencias directivas pueden verse sustancialmente mermadas si no van acompañadas —mejor dicho, cimentadas— por una base transversal de respeto que impregne todas sus manifestaciones. En otras palabras, sin respeto no puede haber liderazgo.

¡Eres un inútil!

«Me impresiona más la generosidad que la dureza y el desprecio».

VOLTAIRE

Parece mentira, pero expresiones con este tipo de mensajes que cuestionan la capacidad de la persona todavía abundan en determinados ambientes laborales en los que impera la falta de sensibilidad interpersonal. Pero no es una mera cuestión de falta de educación; es desprecio en estado puro.

Y mientras que nos mostramos extremadamente beligerantes y críticos frente a espectáculos que impliquen cualquier tipo de maltrato y sufrimiento para los animales (corridas de toros, producción intensiva en granjas industriales, etc.), y que ciertamente pueden herir la sensibilidad de muchos, paradójicamente nos mostramos tremendamente permisivos y tolerantes con el maltrato verbal entre personas, obviando el hecho de que absolutamente a nadie le agrada que le tilden de inepto o de incapaz. Aunque lo sea.

El sinsentido del uso de este tipo de locuciones ofensivas en el lugar de trabajo es que no tienen ninguna consecuencia positiva; no sé de nadie que haya cambiado a mejor su comportamiento después de haber sido despreciado, ofendido u humillado. Lo extraño sería que ocurriera.

Sin embargo, lo más inaudito es que los agravios verbales siguen teniendo su público incondicional; hay auténticos adictos a la descalificación ajena que aprovechan cualquier ocasión para vomitar sus frustraciones sobre el primer infeliz que se presta a este juego infame. Y si el frustrado ocupa una posición de autoridad, y en algún momento te atreves a cuestionar su proceder, te reprocharán que tienes la piel demasiado fina. El colmo.

Y esto no debería permitirse en ninguna organización saludable que se precie; el autocontrol emocional debería ser una competencia-filtro para poder acceder a posiciones de mando.

Ser permisivo en este campo y no aplicar la tolerancia cero frente a la violencia verbal en cualquiera de sus formas, posibilita la perpetuación de comportamientos «matoniles» en el seno de las organizaciones. Y eso, en pleno siglo XXI, no es de recibo.

No hablan, sentencian

«La manía de hablar siempre y sobre toda clase de asuntos es una prueba de ignorancia y de mala educación, y uno de los grandes azotes del trato humano».

Epicuro

Hay gente que cuando habla sienta cátedra. Da igual si la conversación va de fútbol, de política, de artes plásticas, del peinado de Trump o del cultivo hidropónico de los tomates. Saben de todo y mejor que nadie. Por eso se manifiestan con esa severa rotundidad que los caracteriza, y ni se te ocurra llevarles la contraria (que sería suicida), ni tan siquiera intentar matizar algún aspecto. Blanco o negro. Aborrecen los grises.

Ejercen de jueces sin toga y su pasatiempo favorito es pronunciarse sobre lo que sea, divino o humano, trascendente o de «ir por casa», con una rotundidad que no deja lugar para la duda. Aunque la hubiese. Y más que razonable.

Lo grave de esos aprendices de juez, abundantes en organizaciones muy jerarquizadas, es que muchas veces emiten veredictos sobre materias en las que son absolutamente ignorantes, legos, con una ligereza que asusta. Y meten la pata. ¡Vaya que sí! Pero les da igual: ellos han dicho lo suyo —que es lo que vale, ¡faltaría más!— y ya se han quedado descansados. Y si por aquellas casualidades de la vida resulta que se demuestra fehacientemente que no tienen la razón y se han equivocado, no esperes que rectifiquen ni mucho menos que se disculpen. No entra dentro de sus cálculos. Ni por equivocación.

Hablar «sentenciando» es el peor modo de demostrar conocimiento y la mejor manera de ir perdiendo amigos. O clientes, dependiendo de dónde ejerzas de «juez». Hablar dictando sentencia genera siempre rechazo porque evidencia la ignorancia y la mala educación del aprendiz de juez, como ya nos advertía Epicuro; a nadie nos gusta conversar con quien se cree siempre en posesión de la verdad absoluta. Te accompleja y te hace sentir mal. Y, si puedes, los evitas. La gente adulta, por lo general, prefiere tener tratos con otros individuos que practiquen un lenguaje más «tentativo», menos categórico, abiertos al diálogo y las sugerencias. Para monologuistas ya tenemos a los de la tele. Y para sentencias ya están los tribunales.

¡Sé tu mejor versión!

> «Pregúntate si lo que estás haciendo hoy te acerca al lugar en el que quieres estar mañana».
>
> WALT DISNEY

«Sé tu mejor versión» se ha convertido en un mantra que ha trascendido los límites del *coaching* personal o profesional —donde tomó cuerpo— para pasar a ser de una frase hecha a casi una muletilla obligada en los textos de autoayuda.

La cuestión es que, como este imperativo de mejora admite tantas interpretaciones como intérpretes, incluso se puede difuminar su esencia, ya que esa «mejor versión» del profesional a la que aluden tan machaconamente puede referirse a infinidad de variables, desde las más superficiales hasta las más profundas: mejor presencia, mejores conocimientos, mejores habilidades, mejores actitudes o incluso mejores valores.

Puestos a elegir, yo me quedo con esta última acepción, y más precisamente con la idea de que la sociedad en general podría mejorar sensiblemente y lograr una mejor aproximación a su «mejor versión» —o al menos distanciarse de la que más nos embrutece— si tomara realmente conciencia de la innegable existencia del «lado bueno» que también nos caracteriza como humanos; no solo somos seres egoístas que persiguen su propio beneficio a expensas de los demás, como insisten aquellos que quieren resaltar, por encima de todo, nuestra vertiente más negativa, agresiva e insolidaria bajo el paraguas del socorrido «*homo hominis lupus*» (el hombre es un lobo para el hombre) de Hobbes, que nos describe como depredadores sin piedad hasta para con nuestros congéneres.

Esta falacia tan extendida, sustentada en la desgraciada existencia de graves conflictos bélicos en determinadas partes del planeta, distorsiona intencionadamente nuestra condición de seres humanos esencialmente sociales, con un inmenso potencial solidario, compasivo y cooperativo, y que es, nada más y nada menos, según afirman los últimos hallazgos en antropología, *el que nos ha permitido sobrevivir y progresar como especie* desde hace al menos 300.000 años frente a otras criaturas menos colaborativas... ¡y ahora ya extintas!

Pero, a pesar de todas las evidencias, todavía hay algunos catastrofistas «motivados» que nos quieren convencer de que nuestra faceta altruista, solidaria, bondadosa y empática es poco menos que un cuento para niños: pura fantasía «buenista». En definitiva, quieren que nos percibamos como *malvados* sin remedio. Malotes irrecuperables.

Pero lo cierto es que el *cuidado mutuo entre humanos*, la empatía y la compasión por los más vulnerables, están inscritos en nuestros genes desde el principio de los tiempos. Y esto, afortunadamente, no muta de la noche a la mañana.

Caníbales

«No hay mayor dolor que sentir menospreciado tu valor».

Anónimo

Dicen que los Korowai, una tribu que habita en lo más recóndito de la selva en Nueva Guinea, dan muerte a los que consideran «brujos» puesto que los responsabilizan de las defunciones inesperadas de los miembros del clan. Después se los comen.

No te asustes, pero por aquí también circulan caníbales, aunque de una casta especial. No son amantes de comerse la carne de sus congéneres, pero si les dejas y te cogen en horas bajas, tratarán de zamparse tu autoestima de un bocado. Yo he tratado con unos cuantos «antropófagos» de este tipo. Se los reconoce a la legua, y no precisamente por su taparrabos o la vistosidad de sus pinturas de guerra, sino por su ansia voraz e inacabable por denigrar, reducir y disminuir el sentimiento de valía de quienes tienen la desgracia de cruzarse en su camino.

Sea un encuentro casual o formal, se hable de lo que se hable, el devorador de autoestima —generalmente muy falto de ella— siempre encontrará una excusa para conseguir que el tono de la conversación, aparentemente neutro e inocente, adopte un sesgo evaluador en negativo.

Todavía, como quien dice, no has respirado, y el depredador emocional de turno ya te está cuestionando con su tono inquisitorial: «¿Cómo no se te ocurrió que...?», «pero ¿dónde tenías la cabeza?», «¡que no te enteras, chaval!»... y nunca puede faltar la puntilla final, la joya de la corona: «Te consideraba más inteligente...».

Como te puedes imaginar, si la pobre víctima no está plenamente concienciada sobre su propio valor o si, por aquellas cosas de la vida, coincide que está atravesando un momento vital de bajón, tiene muchos números para derrumbarse fácilmente frente a esta sarta de críticas emponzoñadas, y no tarda en desaparecer, avergonzada y abatida, del escenario del indigno festín.

Para colmo, mientras que los auténticos caníbales ocupan una zona muy delimitada de la selva de Nueva Guinea, a los hambrientos sucedáneos civilizados te los puedes encontrar en los lugares más inesperados: en la evaluación anual del desempeño, en el ascensor o haciendo cola para la máquina de café. Sea donde sea que coincidan un caníbal deseoso de engullir autoestimas ajenas y una incauta víctima propiciatoria, allí puede ocurrir la tragedia.

Además, como no van pintados, se confunden con el paisaje, y tienes que hacer un esfuerzo importante para adivinar quién es, de todos los presentes, el que puede darte una dentellada a traición. Y dejarte con la moral por los suelos. Literalmente.

Afortunadamente, además de quererte y creer en ti mismo —premisa fundamental e insoslayable—, hay una fórmula bastante eficaz para mantener a estos depredadores despiadados a una distancia prudencial y que no te alcance el mordisco: mostrarte seguro, caminar con paso firme y la cabeza erguida, mirar a la cara y con el semblante confiado. Estos caníbales tan particulares, tan ávidos de devorar autoestimas ajenas, suelen preferir presas fáciles que no les den mucho trabajo y exhiban señales de debilidad. La huelen a kilómetros.

¡Esto no es justo!

«Recordar es fácil para quien tiene memoria, olvidar es difícil para quien tiene corazón».

GABRIEL GARCÍA MÁRQUEZ

Cuando esta expresión sale de tu garganta como propulsada por una fuerza emocional incontenible, una explosiva combinación de indignación y de rabia, significa que tu sentimiento innato de justicia, de equidad, ha irrumpido como un volcán vomitando lava en plena erupción. Alguien, probablemente un jefe que no derrocha empatía, te ha faltado al respeto porque te ha tratado de un modo que tú sientes en tus entrañas como injusto. Y lo más grave: sin justificación aparente alguna.

Es la gota que colma el vaso y no aguantas más. Para tratar de quitarle hierro al asunto, te dirán que eres un tanto exagerado, que es una percepción tuya, subjetiva, y que el desconsiderado gerente que te ha faltado al respeto no sabía que eras tan sensible y tenías «la piel tan fina»...

Mienten como bellacos; el jefe que te ha faltado al respeto es consciente de que su actuación ha sido éticamente cuestionable, tengas la epidermis que tengas, fina, extrafina o de hipopótamo, pero, aun así, está tan cegado por el poderío que, por mucho que lo intente, su ego desmedido no puede impedir que intente abusar de su posición cada vez que la coyuntura le sea propicia.

Así, por ejemplo, promociona por sorpresa a otro colega a todas luces menos merecedor; modifica arbitrariamente las condiciones pactadas para el cobro de tus incentivos; te asigna menos recursos de los comprometidos para lanzar un producto... y, lo que es más hiriente, cuando se dirige a ti, lo hace en un tono tan arrogante que te hace sentir poco menos que un insignificante microbio ejerciendo de becario.

Estas prácticas, tan injustas como irrespetuosas, afectan irremediablemente a tu grado de compromiso con la empresa, algo que, si ahora mismo ya era difícil en un contexto de austera reciprocidad, se hace realmente imposible cuando esta no existe en la práctica y no te dan lo que en justicia te corresponde, empezando por el ineludible y mínimo trato digno que mereces.

El compromiso del colaborador y el grado de respeto que se respira en la organización están tan íntimamente ligados, entrelazados, que es casi imposible imaginarse la existencia de lo uno sin lo otro. Son interdependientes.

Liderar sin vértigo

«Un buen liderazgo equilibra asertividad
y empatía para no restringir la autonomía».

ANÓNIMO

Y manteniendo el equilibrio. Este es uno de los mayores
desafíos a los que se enfrentan aquellos que deben llevar
equipos.

No me estoy refiriendo a ningún líder con vocación cir-
cense —ni de domador de leones ni de pulgas— sino al líder
que aspire a mantener su equipo cohesionado, motivado,
y que para ello tiene que introducir un equilibrio constante
entre su conducta asertiva y su conducta de apoyo.

Un papelón de los buenos; si corrige en exceso, corre el
riesgo real de desgastar la relación con los colaboradores que
sienten que peligra su autonomía; y, por otro lado, si no se
muestra lo suficientemente asertivo, aquello puede acabar,
en el mejor de los casos, con colaboradores desorientados
porque no saben a dónde dirigir sus esfuerzos, y en el peor,
con un equipo que ha perdido el norte y en el que cada cual,
cada colaborador o cada departamento, arrima el ascua a su
sardina, según sus intereses particulares.

En consecuencia, si los vientos no lo echan todo a perder, todo apunta a que será el líder que mejor sepa dosificar su competencia instrumental (asertividad para asegurar el cumplimiento de objetivos) y relacional (empatía con los colaboradores para conseguir un buen clima laboral) el que tenga menos números para precipitarse al vacío. Y evitar el batacazo.

La conjura de los astros

«No hay mayor desatino que pensar que los
astros deciden tu destino».

ANÓNIMO

«Los astros me la tienen jurada. No hay otra explicación».
Y el tipo se queda tan ancho con tan convincente y sólido
argumento sobre el origen último de sus males (de amor,
profesionales, personales, relacionales, etc.). Según el inter-
fecto/interfecta, existe un complot astral contra su persona
que es el que no le permite triunfar en la vida. Los planetas
se han alineado y conjurado en su contra y no hay nada que
hacer.

Otros, menos lunáticos, achacan la culpa de todos sus
males al estrés, al colega, la pareja, al vecino, al jefe, la jefa, el
gobierno, las finanzas internacionales, al cambio climático... y tropecientas excusas, a cual más imaginativa, pero
que en el fondo...

...no son más que variantes actualizadas, versión siglo XXI, de aquel famoso «mal de ojo» medieval en el que
cabían todas aquellas desgracias que pudieran ser atribuidas
a los supuestos poderes maléficos de brujas y hechiceros.

Y ya sabemos lo mal que terminó el asunto para los pobres inculpados por los tribunales de la Inquisición.

En efecto, no somos perfectos, y hasta es muy probable que este año tampoco nos toque la lotería. Pero, a partir de ahí, dejemos de lamentarnos y atribuir nuestras carencias a factores fuera de nuestro alcance, porque eso solo nos lleva a la inacción, la frustración y a un insano sentimiento de culpa.

Lo justo, lo efectivo, es que tomemos conciencia de qué podemos mejorar y empecemos a actuar. Tú solo no puedes arreglar el planeta, desengáñate, pero tampoco nadie te lo exige; aporta simplemente tu granito de arena para hacer de tu entorno más inmediato —tu hogar, tu oficina...— un lugar más justo, habitable, humano y solidario en el que estar. Así ya habrás cumplido.

«De cuerpo presente...»

> «El mundo no será destruido por las personas que hacen el mal, sino por las que se sientan a ver lo que pasa».
>
> ALBERT EINSTEIN

Los adictos al trabajo, los *workaholics*, se han llevado la fama, pero ¿qué hay de los adictos a la inactividad? Los partidarios de la apatía como estado natural del ser también existen. Habitan entre nosotros, y la mayoría no están entre las filas de los que se encuentran en «búsqueda activa de empleo», sino, paradojas de la vida, mimetizados, camuflados, entre los empleados formalmente «en activo».

No están «quemados»; simplemente son gente apática, abúlica, indiferente, que disfruta de un contrato, pero a la que le importa un pito casi todos y casi todo. No quieren saber, no quieren implicarse, no quieren participar, ni tampoco quieren progresar. Ni dentro, ni fuera. Son individuos que aborrecen su trabajo, pero están ahí, en estado de reposo, como las aguas del estanque o las lechugas en el plantel. Son como figuras de adorno, prescindibles, de relleno, cuya mayor aspiración se reduce a hacer «lo mínimo» para recibir la nómina mensual sin tener remordimientos. Hasta que les llegue la jubilación.

Y es que cualquiera entiende que hay días en los que el trabajo se hace especialmente farragoso, cuesta arriba. Hay lunes que preferiríamos que no existieran; nos sentimos decaídos, sin energía, con la batería bajo mínimos. Pero de ahí a entrar en sueño hipnótico a las primeras de cambio en medio de una reunión de trabajo —he sido testigo de ello—, o decidir estar solamente «de cuerpo presente» en el cubículo mientras los demás compañeros se esfuerzan, se implican, contribuyen y dan el callo, va un abismo. Sin embargo, sucede. Y es injusto e insolidario a la vez, porque hay muchas personas desocupadas buscando una oportunidad que no les llega, mientras otros calientan sillas que no deberían ocupar.

Su opinión es importante.
En futuras ediciones, estaremos encantados
de recoger sus comentarios sobre este libro.
Por favor, háganoslos llegar a través de nuestra web:

www.plataformaeditorial.com

Para adquirir nuestros títulos,
consulte con su librero habitual.

«I cannot live without books».
«No puedo vivir sin libros».
THOMAS JEFFERSON

Desde 2013, Plataforma Editorial planta un árbol
por cada título publicado.

5ª edición

MANAGEMENT del SENTIDO COMÚN

Para sofisticar sirve cualquiera

Xavier Marcet

Vuelve el autor *best seller* de
Esquivar la mediocridad y *Crecer haciendo crecer*

Marcet brinda las claves de un *management* para
los amantes de la verdad y la autenticidad en cada acción.
Con su habitual clarividencia y prosa incisiva,
nos presenta una visión alternativa, humana
y vanguardista del mundo del liderazgo empresarial.